绩效管理实操

——全流程演练——

实战案例版

陈磊◎编著

中国铁道出版社

CHINA RAILWAY PUBLISHING HOUSE

内 容 简 介

绩效管理是保障企业绩效制度得以有效开展的重要方法之一，本书以绩效管理流程为线索，为企业提供了全方位的绩效管理解决方案。

全书共包括13章，本书的前半部分按照绩效管理的完整流程，循序渐进地对公司绩效管理需要掌握的知识进行全面介绍；本书的后半部分则对不同岗位级别的员工的绩效考核方法，以及绩效管理实战过程中的一些常见问题进行了重点讲解。本书在讲解过程中，注重理论的易理解性和方法的可操作性，选取了大量贴近实际的案例来对绩效管理做详细说明。

本书特别适合人力资源管理从业者、企业各级管理者以及绩效专员使用，同时还可作为管理培训师、咨询人员以及人力资源管理相关专业学生的参考用书。

图书在版编目（CIP）数据

绩效管理实操全流程演练 / 陈磊编著. —北京：
中国铁道出版社，2018.9
ISBN 978-7-113-24615-0

Ⅰ.①绩⋯ Ⅱ.①陈⋯ Ⅲ.①企业绩效－企业管理
Ⅳ.①F272.5

中国版本图书馆CIP数据核字（2018）第140778号

书　　名：绩效管理实操全流程演练	
作　　者：陈　磊　编著	

责任编辑：王　佩	读者热线电话：010-63560056
责任印制：赵星辰	封面设计：仙镜

出版发行：中国铁道出版社（100054，北京市西城区右安门西街8号）
印　　刷：中煤（北京）印务有限公司
版　　次：2018年9月第1版　　2018年9月第1次印刷
开　　本：700mm×1 000mm　1/16　**印张：19　字数：244千**
书　　号：ISBN 978-7-113-24615-0
定　　价：59.80元

前言

FOREWORD

———————————

从国内企业的管理实践来看，大部分企业都存在管理薄弱的问题，随着绩效管理理念的引入，越来越多的企业逐步将这种先进的管理思想应用于企业管理实践中。然而，要做好绩效管理并非易事。笔者通过对多年管理经验和培训经验的总结，发现不少企业或多或少都遇到过以下问题：

● 员工认为绩效管理是人力资源部的事、认为绩效管理会给日常工作带来很大的麻烦，这些是绩效管理理念层面的问题。

● 绩效指标不能与企业发展相结合、没有顺畅的绩效沟通及改进机制、绩效评估不科学，这些是绩效管理技术层面的问题。

● 绩效考核不能体现员工的绩效差异、绩效管理没有与过程管理相结合，这些是绩效管理执行层面的问题。

面对这些问题，如果你不知道该如何解决，没关系，打开本书，你都可以找到答案。建议读者在正式阅读本书前，能花点时间了解一下本书的章节结构，这将对阅读本书很有帮助。

本书包括 11 章内容，具体章节的内容如下所示。

◎ 第一部分：第 1 章

错误的绩效管理理念会将绩效管理引入歧途，因此本书的第一部分从明确绩效管理理念出发，旨在让读者在正确认识绩效管理的前提下，开启绩效管理的全流程。

◎ 第二部分：第 2 ～ 6 章

该部分从绩效管理的过程入手，按照计划、管理、实施、反馈、运用 5 个阶段，为读者展现了绩效管理的全过程。绩效管理始于计划，终于绩效结果的运用，而企业正是通过完成这样一个又一个的绩效管理循环链，实现自己的战略目标。

◎ 第三部分：第 7 ～ 11 章

这一部分重点讲解了绩效管理过程中遇见的一些常见问题，包括绩效考核工具的选择、如何处理绩效投诉、不同岗位员工的绩效考核指标如何设计、以及如何攻破绩效管理中的"疑难杂症"等。通过该部分的学习，将使读者对绩效管理有一个认知和运用上的提升。

不同于以传统管理理论为主的人力资源管理书籍，为了让读者能了解到绩效管理的实质，笔者在编写本书时选取了大量的实战案例，并结合自身的管理经验分析了案例背后蕴藏的道理。如果你是人力资源管理从业者、企业各级管理者或绩效专员，那么本书能为你提供实实在在的管理办法；如果你是管理培训师、咨询人员或人力资源管理相关专业的学生，那么你将在书中找到最有价值的学习资料。

最后，希望读者在阅读本书时要善于举一反三，将自己企业的实际情况与书中的实操方法相结合。由于编者能力有限，对于本书内容不完善的地方希望获得读者的指正。

编 者
2018 年 5 月

目录

C O N T E N T S

第 9 章 不同岗位员工绩效考核指标设计

第11章 绩效管理常见问题分析

绩效管理铸就成功之路

你有没有想过，现在企业越来越看重绩效管理，为什么进行了绩效管理，但"没有绩效"或"绩效无效"的问题仍然存在。科学的绩效管理，才能帮助企业达成目标，而绩效管理是否科学，与管理者对绩效管理的认知息息相关。

为什么一定要做绩效管理

在我做绩效管理培训时，许多人都会问我"为什么一定要做绩效管理？"面对这个问题，我常常会反问"那么你为什么来参加绩效管理培训，你的公司为什么要做绩效管理呢？"得到的回答常常是"其他公司都在做，我们当然也要做。"这样的回答表现了企业管理者对绩效管理和企业自身的认识不清。

我们去医院看病时，医生都会先根据我们自身的身体状况初步确定病情，再对症下药。绩效管理与看病有异曲同工之处，企业只有清楚了哪些地方有问题，才会清楚绩效管理的重要性，进而有效地进行绩效管理。

1.1.1 你的企业是否存在问题

在正式回答"为什么要做绩效管理"这个问题前，我们先来诊断一下，你的企业是否存在以下情况。

◆ 员工工作效率低，且没有进取心？

◆ 企业管理混乱，业绩无法突破？

◆ 团队成员散漫，工作没有激情？

◆ 员工执行力差，人才流失率高？

◆ 绩效考核流于形式，不能落地？

◆ 员工晋升机制混乱，企业内部怨声载道？

◆ 没有明确的绩效考核指标，难以量化？

◆ 员工都完成了工作任务，但企业没有业绩和利润？

◆ 绩效考核总是得不到理想结果？

◆ 职员抱怨绩效考核压力太大？

如果有，不用我回答，你就已经知道为什么要做绩效管理了。不同企业做绩效管理的原因是不同的，总结起来，绩效管理对企业来说有以下意义：

企业的存在与发展需要绩效管理。企业要完成既定的目标，前提是各部门和各个岗位上的员工能完成任务，有效的绩效管理能很好地稳定企业员工，提高员工工作效率，帮助企业达成目标。

促进企业与员工共同成长。绩效管理过程是一个不断发现问题、改进问题的过程，通过绩效的反馈与沟通，企业能发现自身问题，员工也能认识到自己的不足，不断改进，最后实现双赢。

绩效管理优化组织管理。通过绩效管理，可以把员工聘用、岗位晋升机制、薪酬体系等结合起来，更好地管理企业，实现组织内部的协调和健康发展。

1.1.2 高绩效组织与传统组织

要解释高绩效组织，我想先分享伊索寓言中关于"一根筷子容易折，一把筷子折不断"的故事。

从前有一位老人，他有很多儿子，儿子们总是为了一些大大小小的事吵个不停。老人费了很多劲仍然没办法让儿子们和和气气地生活，于是他想到了一个办法，能让儿子们齐心协力，明白家庭和睦、团结友爱的重要性。

一天，老人把儿子们召集在一起，并拿来了一把筷子，他问儿子们："你们谁能用手把这把筷子折断？"结果没有一个儿子能把筷子折断。

这时，老人将筷子一根根递给儿子，让他们一根根折断，这次，儿子们很快把筷子都折断了。最后，老人告诉儿子们："孩子们，你们明白了吗？只要你们团结在一起，就会像一把筷子，任何人都打不倒，如果你们每天争吵，四分五裂，就像一根筷子，很容易被打倒。"

这则故事说明了团队合作的重要性，而团队合作也正是高绩效组织的一个重要特点。高绩效组织是由一个公司、一个部门或一个工作小组组成的团体，与传统组织相比，高绩效组织更倾向于技术创新与冒险，重视学习，只有极少的管理阶层，每一位团队成员都要接近客户，能获得与表现相称的酬劳，企业有关的资讯可与全体员工共享，资讯系统能支持团队工作。

高绩效组织不仅能为股东、员工创造价值，还能为客户、为社会创造价值，是可靠与可信赖的组织。每个公司的管理者都希望自己的企业能成为高绩效的组织，因为只有高绩效才能在激烈的竞争中保持优势。

高绩效组织的外在表现是：讨论时民主、执行时统一、应对时灵活，同时对完成任务有较高的标准。当组织遇到问题时，能够快速解决问题，能够勇于面对新业务，成员间能够互相信任和欣赏，是一个学习型组织。另外，高绩效组织还注重培养管理者的绩效管理能力，使他们能够帮助员工开发自己的潜能和创造力。

1.1.3 绩效管理的重要作用

研究发现，高绩效组织往往拥有更加务实和合理的绩效管理体系，这也说明了绩效管理的重要性。我在做咨询的时候发现，许多企业都依据绩效考核结果来评定绩效管理是否有作用。这时，我就在想，难道绩效管理的作用仅仅在于发多少工资，发多少年终奖，这么简单吗？在我看来，绩效管理的作用并不仅限于此。

要说绩效管理的作用，不同的企业、管理者都会有不同的看法。从我的理解来看，绩效管理有以下几方面的作用。

（1）目标与方向

绩效目标设定是绩效管理重要的一环，这里我们暂不讨论绩效目标是否合理，单从有目标和无目标来进行分析。有了既定的目标后，员工才有全力以赴去实现它的动力，当员工付出劳动并实现目标后，所产生的自豪感能帮助员工不断进行自我提升。

从现实方面来看，大多数员工的目标就是薪酬，而企业聘请员工并支付薪酬，其目的是为了获得绩效，可见薪酬与绩效有着不可分的密切关系。

现在越来越多的企业将薪酬与绩效结合起来，将绩效考核分作为评定员工薪酬多少的标准，这样做是有好处的，但在绩效管理体系不完善的条件下，也会产生诸多负面问题，而绩效管理就是要解决这些负面问题。

（2）人才筛选

绩效管理的作用还体现在人才筛选方面，这个员工是否适合本企业，是否适合本岗位可以通过绩效考核判断。如果考核结果是该员工更适合管理岗位，那么企业可以考虑给该员工调配岗位；如果考核评测该员工可以提升晋级，那么可以考虑让该员工升职。

从以上可以看出，绩效管理可以成为管理者进行员工管理的工具，而企业通过绩效管理让内部人员得到成长的同时也会吸引外部优秀人员加入，为企业添砖加瓦。

（3）自我管理

通过绩效管理设定员工个人目标后，个人会为完成指标努力，同时能在工作中进行自我评价，实现自我管理。另外，在绩效考核后，通过绩效的反馈和沟通，也可根据被评估者的绩效表现，让员工发现自身的优势和不足，知道应该如何去克服，如何去改进，从而不断进步，激发自身潜能。

1.2
从绩效和管理探寻绩效管理

每到年终，我们可以看到人力资源部会发各种各样的考核表格给各部门员工，员工拿到表格后，会填写自我评价，再递交给管理者，管理者在表格上填写员工评语或评级。这个过程结束后，员工普遍都比较关心考核分值，因为这往往关系到薪酬或奖金的多少。而当考评结束后，员工一般不会关心考核表格去哪了，考核的目的是什么。

为什么员工并不关心考核表格去哪了，考核的目的是什么呢？这表现出企业只重视绩效考核而没有进行绩效管理，或简单地将绩效考核等同于绩效管理。对于绩效管理，许多企业都存在将绩效考核和绩效管理混为一谈的问题，实际上，绩效考核只是绩效管理的一环，下面就一起来深入认识绩效管理。

1.2.1 带你重新认识绩效

认识绩效管理，要先从认识绩效开始。如果我问："绩效是什么？"相信很多人的回答会是："绩效是成果或绩效是结果。"我不能说这个回答是错误的，因为对某些企业来说，绩效就是业绩是否能达标，是否实现了期望目标。我只能说这个回答不够准确，现实中，不同公司对于绩效的认识，会根据公司价值导向的不同而有所差别。

从管理学的角度来看，绩效包括组织绩效和个人绩效两方面，组织绩效的实现以个人绩效的实现为基础，但个人绩效的实现并不能保证组织是有绩效的。

从字面意思上来看，绩效包括两方面，即"绩"和"效"。"绩"是指业绩，这一"业绩"实际上包含了两部分内容，即目标管理和职责要求。企业有自己的目标，员工也有个人的目标，企业的目标直观体现在利润上，员工目标直观体现在奖金、提成上。职责要求是对员工日常工作的要求，我们都知道，不同工作岗位有不同的工作内容和要求。

"效"是指效率、效益、行为、方法、品行等，可见"效"包含的内容是丰富的，"效"体现了企业管理的成熟度。

总的来说，绩效是企业或个人在一定时期内的投入产出情况，投入指的是物质资源和精神资源。物质资源包括人力、物力和时间等；精神资源包括情感、情绪等。产出指的是工作任务在数量、质量及效率方面的完成情况。而绩效管理是为达到绩效而对各个要素进行管理的过程或方法。

1.2.2 绩效受哪些因素的影响

企业中，组织绩效的实现取决于部门绩效或团队绩效，而部门绩效或团队绩效的实现则取决于个人绩效，可见分析绩效的影响因素要从影响员工绩效的因素入手。影响员工绩效的因素有 3 个，包括个人因素、工作因素和组织因素。

（1）个人因素

个人因素包括能力因素、态度因素和性格因素 3 个方面。记忆能力、沟通能力、观察能力和管理能力等都属于能力因素。在能力一定的前提下，态度决定绩效。态度是一种主观的心理倾向，如一个人经常迟到、早退或旷工，这是态度问题，而不是能力问题。态度通过以下方式直接或间接地影响着员工的绩效。

- ◆ **纪律性**：是否遵守公司规章制度。
- ◆ **主动性**：是否能主动完成工作任务。
- ◆ **团队合作性**：是否能与同事共同合作。

进入一个工作岗位，却感觉力不从心有压力，对工作不满意，这很可能是因为性格与岗位不匹配。性格在一定程度上决定了个人适合什么样的工作及可能取得的绩效。如内向的人更善于独立思考，会计或审计岗位可能比较适合他，外向的人更善于社交与言谈，销售或公关岗位可能比较适合他。

性格没有好坏之分，若要员工实现更高的绩效，就要知人善任，将不同性格的员工安排在适合他们的岗位上。

（2）工作因素

工作本身、工作方法和工作环境等都属于工作因素的范畴。工作本身主要包括工作目标、工作复杂程度以及工作流程的监控等。工作方法包括工具的使用、工作手段和工作协调等。对于工作环境，相信大家都有这样的体验，身处舒适良好的工作环境，工作效率会提高，反之，在嘈杂不安的环境中，工作效率会降低。

（3）组织因素

组织因素指企业的管理机制和水平，包括员工激励、考评体系、培训体系和组织文化等。

员工激励包括物质激励和精神激励，举个例子，如果行业的平均薪酬水平是 2500 元，但企业给出的薪酬水平是 2000 元，试问有多少员工会积极工作，而员工跳槽也只是早晚的事。在职场中，员工看重的除了得到的奖金外，还有荣誉、个人成就感等，这需要精神激励来体现，如表扬或职位升迁等。

在一个企业，L 员工比 H 员工更努力，同时工作态度和业绩也更好，然而在年终考评时，L 员工和 H 员工的评级都是"A$^+$"级，最终两个人得到的年终奖一样多。如果你是 L 员工，你肯定会想："既然干多干少、干坏干好都一样，那么还不如少干点。"久而久之，L 员工也会变成 H 员工，企业的实际绩效也会降低，这就是考评体系对绩效的影响。

新员工进入企业，要让其尽快适应工作岗位，完成个人绩效，培训是必不可少的。新产品要上市了，要让销售人员更好地完成销量，也需要通过培训帮助销售人员熟悉产品。

组织文化是一种无形的管理方法，它与组织绩效的关联性已被很多研究证明。举个例子，众所周知可口可乐是知名的可乐品牌，其理念是："当我们能够使员工快乐振奋而有价值，我们就能够成功地培育和保护我们的品牌，这就是我们能够持续地为公司带来商业回报的关键。"这样的文化理念，让每一个在可口可乐公司工作的人，在物质上和精神上都能获得自豪感，同时可口可乐的员工也会为了共同的梦想和愿望而努力。而事实也证明，这种良好的企业文化为可口可乐带来了高绩效。

1.2.3 绩效管理实施的原则

今年企业给人力资源部布置了一项新的任务——实施绩效管理。于是人力资源部按照规定制定了简单的绩效考核表，让员工填写，认为这样就万事大吉了，而员工也只是走走过场，填完表格就不再过问，这样的绩效管理体系注定不能持续循环下去。绩效管理要真正行之有效，需坚持四大原则。

◆ 公平公开原则

公平是推行绩效管理的前提，如果绩效考核的标准不公平，考核的过程不公开，考核结果不透明，那么就会打击被考核者的热情，也难以让被考核者心悦诚服。

◆ 全员参与原则

叶公好龙的故事相信大家都比较熟悉，比喻的是自称爱好某种事物，但实际上不是真正爱好，甚至是惧怕和反感。在绩效管理实践中，许多企业的管理者也是"叶公式"的人物。

企业要实施绩效管理了，管理者都拍手叫好，但考核的对象仅限于下级管理者的普通员工，真正要考核管理者自身时，却百般推诿和抵触。全员参与是提高绩效管理执行力的关键，如果绩效管理的对象仅是员工，而不涉及管理层，那么将很难让员工接受和认可。所以在企业实施绩效管理时，应该做到全员参与，才能使其产生良好的效果。

◆ 时效和实效性原则

绩效考评是对一定周期内被考核者的行为和成果进行综合评价，这便决定了考核的时效性。在本期考评过程中，不应将本考评期之前的行为或成果加入其中。

在绩效管理实践中，实效性是非常重要的。绩效管理理论不能付诸实践，绩效目标不能实现，绩效考核结果不能达到奖优罚劣的目的，都是绩效管理缺乏实效性的表现。

◆ 有效沟通原则

沟通贯穿于绩效管理的每个环节，从绩效目标的设定到绩效结果的运用，都须保持良好的双向沟通和反馈。现实中，许多管理者常常忽视沟通的必要性，绩效管理体系的设计由自己一人说了算，也不管绩效管理的满意度如何，让绩效管理变成了一个人的舞台。

管理者不进行绩效沟通的原因有很多，一种是没有时间进行沟通，另一种是认为没有沟通必要，还有一种是缺乏必要的沟通技巧。不管是哪种原因，缺乏沟通都会降低绩效管理系统效用的发挥。

1.2.4 建立绩效管理的循环链

要明白，绩效管理是一个完整的系统，这个系统是一个持续循环的过程。这个循环链包含了绩效计划制定、绩效管理过程辅导、绩效考核和评价、绩效反馈与改进、绩效结果应用 5 个环节，绩效管理的循环链如图 1-1 所示。

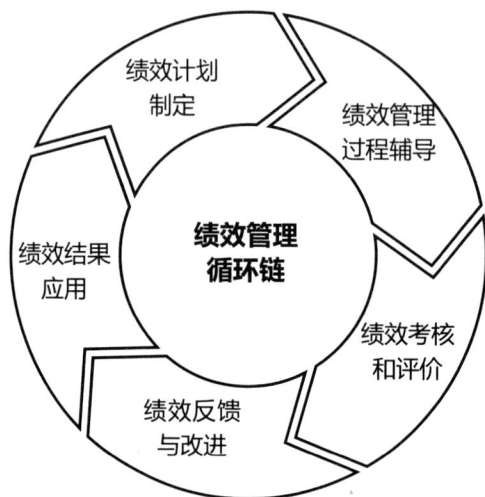

图 1-1

制定绩效计划是绩效管理的起点，绩效辅导是完成绩效计划的过程，绩效考评是对绩效目标进行评估，绩效反馈与改进是针对绩效信息改进提高的过程，最后是绩效结果的运用，使之落实在下一阶段的绩效管理中。

1.3
绩效管理中必须明确的基本理念

如今，越来越多的企业认识到了绩效管理的重要性，有的企业自己动手实施，有的则请咨询公司。在花费了大量时间和精力后，结果却是绩效方案不能推行下去，领导层不满，员工走走形式，而人力资源部则是有苦不能言。

花了大量心血实施绩效管理，却做了一堆的无用功，我认为最主要的原因在于管理层对绩效管理存在认识上的误区。管理者,特别是高层领导,不妨问问自己"是否真正懂得绩效管理?"认识上的误区会导致绩效管理方向错误,如果绩效管理一开始就脱离了正轨,结果可想而知。

1.3.1 绩效管理不只是人力资源部的事

不仅是基层员工,甚至是企业决策层也会有"绩效管理是人力资源部的事"的错误观点。这种错误观点的产生与公司所处的发展阶段和员工的能力素质有关。

我曾为一家规模不大的企业提供过绩效管理咨询,这家企业存在这样的现象:业务人员并不关心绩效考核,认为绩效管理是虚无缥缈的东西,由于看不到绩效成绩好坏对自身的影响,所以更加不重视绩效管理。而部门经理填写考核表格时表现得非常厌烦,认为如果员工对评价不认可,自己还要去说服、安抚,会增加自己的工作量,因此抵制绩效考核工作,将考核推给人力资源部。

这时,人力资源部会认为部门经理不专业,难以委以重任,再加上高层领导的压力,就干脆亲力亲为,最终导致绩效管理变成人力资源部的事。

人力资源部对绩效管理的实施负有责任是毋庸置疑的,但这并不表示人力资源部是绩效管理的第一责任人。正确的认识应是:各级管理人员是绩效管理的第一责任人。

人力资源部在绩效管理中的主要职责是制定绩效管理程序、提供考核表格和咨询顾问等支持。至于执行绩效考核,对员工进行评价,帮助提升能力等,都应是管理人员的职责。人力资源部不是团队负责人,对团队员工的表现和能力也并不了解，所以做不了这些工作。

如何才能改变错误的认识呢？我认为，首先要做的应是思想灌输。绩效管理未实施前，管理上是比较自由的，升职、加工资、发奖金大家互相心里有数就行。导入绩效管理后，自然没有以前"自由"了，增加工作量是肯定的，销售部门、市场部门等部门负责人抵制在所难免。

思想灌输的目的是要消除部门负责人的抵制情绪，让他们改变思维定式，清楚绩效管理的重要性。除了沟通外，还应通过培训提高负责人的能力素质。

知识加油站

绩效管理的有效推行离不开企业决策层的鼓励和支持，在"绩效管理是不是人力资源部的事"这个问题上，企业决策层必须有正确的认识，这是很重要的。企业决策层的支持不是动员这么简单，而应贯穿绩效管理实施过程的始终，帮助人力资源部将绩效管理工作推行下去。

1.3.2 将绩效考核不能等同于绩效管理

其实，在前面我已经提到过绩效考核只是绩效管理的一环，但在实践中，将绩效考核等同于绩效管理是比较普遍的一种误解，因此此处有必要对这一误区进行深入地解析。

绩效管理 = 考评 = 打分 = 奖金 / 罚款 = 晋升 / 走人

这是很多企业管理者，甚至一些咨询师和培训师一听到绩效管理就想到的联系。我曾经参加了一个企业的绩效管理动员会，在会议上，业务部负责人这样说："绩效管理强调绩效的结果，分高就加薪升职，分低就淘汰走人。"

国内不少企业都存在重打分，轻沟通，为了"考核而考核"的问题，这一错误问题的根源在于管理者将绩效管理简单化，他们只希望尽快打个分完事，至于沟通、反馈和改进则应付了事。

仅仅给员工打个分，很明显对绩效的提升没有帮助，绩效的法则是：绩效考核是手段，绩效改进才是目的。

将绩效考核结果与薪酬、奖惩联系起来并没有错，但我们进行绩效管理的目的就是发奖金、罚款吗？很显然不是，发奖金、罚款、晋升、走人都只是手段，不是目的，目的在于改进工作，提高绩效，而不是考核。

比如，在绩效计划没有得到员工认可的情况下进行考核，员工肯定不会把考核当回事儿，会认为考核是变着法"整"他们，管理者和被考核者的关系变得紧张，结果是你考你的，我做我的。

如果只做绩效考核，忽视绩效管理的其他环节，即使绩效考核方案再怎么精美，也不能取得好的效果。

我曾经遇到过只重视绩效考核的管理者，热衷于找到"完美"的绩效考核表，希望一个表格解决所有的问题。但事实却证明，即使在考核表上倾注了大量时间和精力，存在的问题依然难以解决。

管理者要从观念上转变过来，不要想当然地将绩效管理等同于绩效考核。实践中，这种简单的等同容易产生以下问题。

◆ 员工抵触考核，认为考核就是扣工资，推行阻力大。

◆ 将绩效考核当成了目的，业绩未提升。

◆ 管理者不愿进行考核评分，认为"含糊"一点可以缓解人际关系，导致考评工作流入形式。

◆ 绩效考核成为了企业与员工的博弈游戏。

我们可以这样理解绩效考核与绩效管理的关系：绩效考核是绩效管理的核心内容，绩效管理是过程，绩效考核是结果。

1.3.3 企业目前绩效管理存在的普遍问题

"存在问题并不可怕，可怕的是发现问题后不去寻找症结所在，无法解决问题。"这是在工作中经常会听到的话，在绩效管理中同样适用，很多时候，存在问题并不一定是坏事，况且企业实施绩效管理也不可能与问题绝缘。

（1）指标设计不周

一家贴标设计公司的老板非常重视绩效管理，公司也有一套绩效管理体系，但看不到绩效的提升，老板认为是人力资源部能力不够，于是聘请咨询团队帮助设计绩效管理体系。

咨询团队针对公司现阶段的绩效管理问题，提出了解决方案，将公司战略目标进行层层分解，并将部门绩效指标分解到员工，并制定了绩效考核表。

老板看了考核表后，认为指标设计不周，觉得没参加培训、迟到早退、没写周报等都很重要，也要作为绩效指标进行考核评分，于是按照自己的想法添加了几个考核指标，此时有的部门员工的绩效指标已达到了 20 条。

结果，权重分配下来，每个指标的分值相差并不大，被考核者根本分不清哪些指标更重要。

老板添加这些指标是想规范员工的行为，于是追求大而全，将所有工作和要求都绩效化，认为少了一个都不行，而"眉毛胡子一把抓"

的结果是：每项指标权重太小，员工分不清重点或故意避重就轻。

绩效指标的设计应抓住重点，不应追求大而全，不管是部门还是岗位的绩效指标都要抓住核心，且数量不宜过多。

（2）过于追求完美

有这样一则故事。一位老和尚要选拔衣钵传人，为找到合适的人选，他给自己的得意弟子出了一道考题。老和尚对自己的两个得意弟子说："你们去拣一片你们认为最满意的树叶回来。"

两个弟子来到了一片树林，弟子甲很快就找到了自己满意的树叶回去了，他将一片并不漂亮的树叶递给了自己的师傅，说："这片树叶虽然不完美，但却是我看到最好的树叶。"

弟子乙在树林里转悠了很久，最终空手而归。他对师傅说："我找到了很多树叶，但怎么也挑不出最完美的树叶，对这些树叶我都不满意。"

最终，老和尚将衣钵传给了弟子甲。

许多管理者都希望通过绩效管理解决所有的问题，总想找到完美的解决方案，这种错误认识会在无形中造成大量工作浪费。绩效管理方案不满意，改了又改，绩效指标设计了一个又一个，试图让其完美，使得人力资源部费心费力，努力工作却没有成果。

事实会告诉你，过分追求完美的绩效方案，最终什么目的都无法达到。绩效管理就像一片不完美的树叶，即使是成功的企业中也没有绝对完美的绩效管理。在这个阶段，绩效管理方案可能会发挥效用，但在下一个周期，可能效用就不会那么明显，这时就需要通过优化和改进来使其继续发挥作用。

（3）生搬硬套，盲目模仿

战国时期，赵国都城邯郸的人以走路姿势优美而著称。一个燕国人来到邯郸，想要学习邯郸人的走路姿势。

在街上，他看到每个人的走路姿势都是不一样的，于是决定跟在行人后面学习，人家迈左脚他也迈左脚，人家迈右脚他也迈右脚。一个行人走远了，他又跟着另一个人学习走路，就这样，见一个学一个。

就这样过了好几个月，结果他不仅没有学会邯郸人走路的步姿，还把自己原先是如何走路的都忘了，最后只好爬着回去。

这是一个耳熟能详的故事，但却极具启发意义。近几年来，绩效管理方式被越来越多的企业认识，有些领导者比较盲目跟随成功企业，认为成功企业的绩效管理方案都是先进的，都是好的。于是"Copy"成功企业的做法，其效果如何，可想而知。

有效的借鉴和学习确实能带来好处，可是绩效管理是需要实践的，其基本理念是相通的，但最终落地，却要因企业而异，放之四海皆准、拿来就能用的绩效管理方案是不存在的。

什么才是好的绩效方案？答案是：适合自己的才是最好的。一些企业通过模仿确实能尝到一些甜头，但随波逐流迟早会暴露"邯郸学步"般的缺陷。不论是在管理中，还是在企业经营中，盲目模仿别人都是不行的。

1.3.4 经理人应具备哪些能力

调查表明，中国企业的绩效管理成少败多。企业推行绩效管理，依靠的不仅仅是人力资源部，还有各级管理者。但据我了解，百分之八九十的管理者并不具备绩效管理的正确认知和必备能力。

如何了解管理者的绩效管理认知度呢？我将以实战测试题来考察，下面请大家完成以下测试题。

1. 单选题

（1）在绩效管理中，管理者应该扮演的角色是（　）。

A. 教练　　　B. 警察　　　C. 老师　　　D. 评委

（2）绩效管理的作用除了制造差异、制造激励之外，还有一个作用是（　）。

A. 进行员工奖金发放　　　　B. 对员工进行考核

C. 进行目标掌控和过程管理　　D. 推行淘汰制

（3）下级评价多用于（　）。

A. 进行实际的绩效考核　　　B. 处理公司内部矛盾

C. 维护员工满意度　　　　　D. 进行管理人员开发

（4）在进行过程辅导时，企业人力资源部门主要的任务是（　）。

A. 对员工进行考核　　　　　B. 检查员工的工作业绩

C. 制定出相关流程、程序　　D. 制定计划

（5）关于绩效考核，下列表述错误的是（　）。

A. 结果主要用于薪酬激励

B. 主要考察员工是否胜任该项工作

C. 考核的指标来源于计划

D. 成果的达成周期决定绩效的考核周期

2. 多选题

（1）绩效管理的目的是（　）。

A.更好地执行企业流程　　B.行为纠偏

C.能力提升　　　　　　　D.更好地履行职责，完成任务

（2）下列属于绩效管理实施流程的是（　）。

A.绩效评估　　　　　　　B.绩效反馈

C.考核评价　　　　　　　D.结果运用

（3）由于考评者与被考评者双方在绩效目标上的不同追求，可能产生（　）。

A.员工目标矛盾　　B.管理目标矛盾　　C.员工自我矛盾

D.组织目标矛盾　　E.主管自我矛盾

（4）由于采用的效标不同，从绩效管理的考评内容上看，绩效考评方法可以分为（　）。

A.品质导向型　　B.目标导向型　　C.行为导向型

D.过程导向型　　E.结果导向型

（5）为保证绩效面谈的质量，有效的信息反馈应具有（　）。

A.真实性　B.针对性　C.及时性　D.主动性　E.适应性

3.判断题（正确打√，错误打 ×）

（1）结果比过程更重要，所以绩效就是结果。（　）

（2）为体现公平，企业在进行绩效考核时，应对所有岗位采用同一标准进行考察。（　）

（3）为了客观地评价员工绩效，避免上级的主观判断，要尽可能地量化员工的绩效。（　）

（4）绩效考核是人力资源中的一个管理程序，而绩效管理则是一个独立的管理程序。（　）

（5）绩效考核是个评价表，而绩效管理是过程控制。（ ）

答案：

1. 单选题

（1）A　　（2）C　　（3）D　　（4）C　　（5）B

2. 多选题

（1）ABCD　（2）ABCD　（3）CDE　（4）ACE　（5）ABCDE

3. 判断题

（1）×　　（2）×　　（3）×　　（4）√　　（5）√

如果你顺利通过以上测试题，那么恭喜你。如果回答与答案有出入，那么可以反映出你对绩效管理认知上存在偏差和知识上的盲点。管理者除了要具备绩效管理的正确认知外，还应具备如图1-2所示的能力。

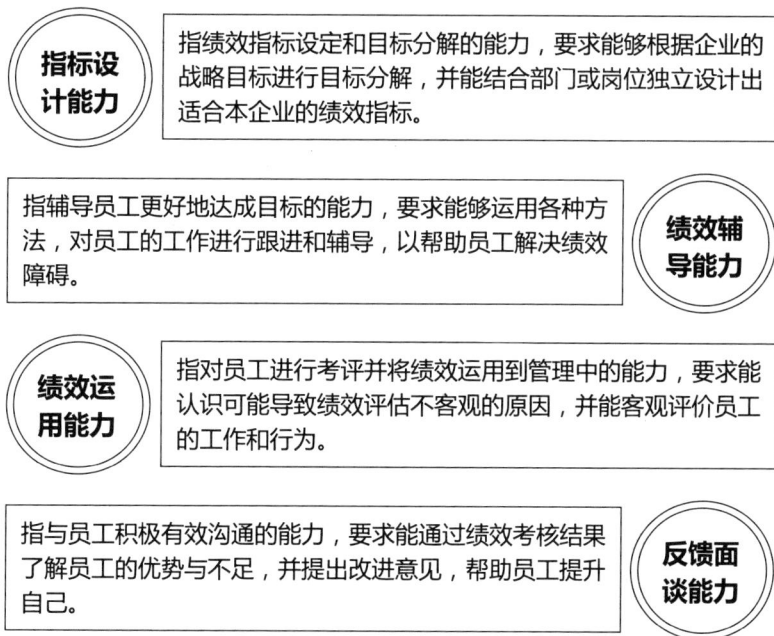

指标设计能力 指绩效指标设定和目标分解的能力，要求能够根据企业的战略目标进行目标分解，并能结合部门或岗位独立设计出适合本企业的绩效指标。

指辅导员工更好地达成目标的能力，要求能够运用各种方法，对员工的工作进行跟进和辅导，以帮助员工解决绩效障碍。 **绩效辅导能力**

绩效运用能力 指对员工进行考评并将绩效运用到管理中的能力，要求能认识可能导致绩效评估不客观的原因，并能客观评价员工的工作和行为。

指与员工积极有效沟通的能力，要求能通过绩效考核结果了解员工的优势与不足，并提出改进意见，帮助员工提升自己。 **反馈面谈能力**

图 1-2

1.3.5 绩效考核，到底考什么

每年都要进行绩效考核，考来考去，也没见考出了什么结果，大家也不明白为什么要考核，最终考核变成了令人反感的形式。绩效考核不能为了考核而考核，要认准一个方向：要得到什么，就考什么。

◆ 考业绩

员工对企业创造的价值，最直观的体现就是业绩，员工业绩的好坏关系到企业的生存与发展。这样看来，业绩当然是重要的考核项目了。业绩考核是对员工行为的实际效果进行评估，考核的重点可能是工作内容和工作质量，也可能是工作方式和工作行为。

◆ 考能力

一个销售部的两个员工，两人拥有共同的资源和条件，但员工 A 每月能产生 20 万元的业绩，而员工 B 只能达到 10 万元的业绩，老板不会听员工 B 业绩不佳的任何借口，他只会认为是员工 B 能力的问题。老板不会让能力有限的员工占据公司的资源，这就要求对员工的能力进行考核。一个人的能力如何是比较难衡量的，因为能力是内在的，但工作能力与工作业绩有紧密联系。企业对员工进行能力考核，通常会根据职位对能力的要求来进行。

◆ 考态度

员工能力越强，业绩就越好，但这并不是绝对的，因为态度也会影响业绩。你可能会问："考核态度，真的合适吗？"因为态度看起来难以考核。态度没有绝对值，只有相对值，不能拿来丈量，但并非无法评价，多人打分、调查问卷等方式都可以作为考核方法。

CHAPTER
02

科学绩效计划的正确打开方式

　　"闲时无计划，忙时多费力。"计划就像一座桥，它能连接你想要抵达的地方。每到年初，绩效专员都会为了制定绩效计划而忙碌，这主要在于绩效计划的制定是绩效管理的首要环节，这个环节若没有做好，后面的环节也会失去方向。

2.1
讨论绩效目标的问题

哈佛大学有一个非常著名的关于目标对人的影响的调查研究，调查结果发现：27%的人没有目标；60%的人目标比较模糊；10%的人有较清晰的短期目标；3%的人有清晰且长期的目标。

20年后，跟踪调查发现：那3%的人，几乎都成为了社会精英或成功人士；那10%的人，大都生活在社会中上层；那60%的人大多生活在社会的中下层；而最后那27%的人基本上都生活在社会最底层。这个故事告诉我们，目标具有巨大的导向性作用，回到绩效计划中来，选择什么样的绩效目标，就会得到什么样的绩效结果。

2.1.1 绩效目标管理是基础

曾经有学员问我："什么是目标管理。"如果引用经典管理理论的解释，是这样表述的：目标管理是以目标为导向，以人为中心，以成果为标准，而使组织和个人取得最佳业绩的现代管理方法。

由此看来，目标管理是一种管理方法。这种管理方法能引导员工工作，实现企业的预期成果，因此目标管理又被称为"成果管理"。作为一种管理方法，目标管理也被运用到绩效管理中，它是绩效管理的基础，为什么这么说呢？

管理专家彼得·德鲁克认为，并不是有了工作才有目标，而是相反，有了目标才能确定每个人的工作。如果一个领域没有目标，这个领域的工作必然被忽视。

卓越的绩效管理中，员工的工作都会围绕目标来进行。研究发现，明确的目标要比只要求人们尽力去做有更高的业绩。事实也证明，高业绩和高目标是相联系的。

错误的观点常常会认为：目标管理就是让员工完成绩效或计划。让员工完成计划只是目标管理的一部分，目标管理的具体做法会分为目标的设置、实现目标过程的管理和总结评估 3 个阶段，这个过程会形成一个闭环。

2.1.2 绩效目标的分类

注意，绩效目标和绩效指标是不同的概念，以下公式可以帮助大家理解绩效目标和绩效指标。

绩效目标 = 绩效内容 + 绩效标准

绩效内容 = 绩效项目 + 绩效指标

绩效内容会告诉员工，在绩效考核期间应当做什么样的事情；绩效标准会告诉员工，每项目标任务要达到怎样的绩效要求。不同岗位、时间段、环境对绩效目标的要求都存在差异，绩效目标按照不同的类别可以有不同的分类。

（1）长期和短期目标

根据期限的长短，绩效目标可以分为长期目标和短期目标，长期目标通常会划分为几个阶段的短期目标，短期目标的时间跨度通常不到一年。如某公司制定的长期目标为 5 年内使投资利润率（税后）增长 20%，盈利额增至 1 000 万美元，而短期目标是在下一年度使利润增长 5%。

（2）基准目标、正常目标和冲刺目标

根据目标达成的难易度，可将目标分为 3 个层次，我称之为"二八"目标，如下所示。

- ◆ **基准目标**：能保证企业的收支平衡。
- ◆ **正常目标**：80% 的人能完成。
- ◆ **冲刺目标**：20% 的人能完成。

基准目标是指须达到的基本绩效要求，如在销售部，销售人员需达到企业要求的基准销售额，才能获得基本工资。正常目标是指通过适当努力能达到的目标，冲刺目标是在正常目标的基础上进一步提高要求。

（3）公司目标、团队目标和个人目标

按对象，绩效目标可分为公司目标、团队目标和个人目标。个人目标、团队目标和公司目标层层递进，三者具有紧密的联系。

2.1.3 制定绩效目标的主要依据

绩效目标的设计要以企业的战略目标为导向，并与岗位的核心职责联系起来，制定绩效目标的主要依据如下。

（1）目标分解

企业要进行绩效评估，却不知道应该评估什么，为什么会这样呢？

原因在于绩效目标没有细化，细化的目标能避免抽象化和执行的困难。细化目标的重要方法是分解，绩效目标应从企业战略目标到经营目标到部门目标再到个人目标层层分解。

企业战略目标是指在一定时期内企业经营活动的方向和所要达到的水平，企业战略目标一般包括但不限于以下内容。

- ◆ **盈利能力**：可用利润、投资收益率、销售利润等来表示。
- ◆ **市场**：可用市场占有率、销售额或销售量来表示。
- ◆ **生产率**：可用投入产出比率或单位产品成本来表示。
- ◆ **产品**：可用产品线、产品销售额或新产品开发完成期来表示。
- ◆ **资金**：可用资本构成、现金流量或流动资本等来表示。
- ◆ **生产**：可用生产量、固定费用等来表示。

经营目标由战略目标分解而来，一般以年为单位。部门目标根据岗位职责有所不同，如人力资源部的部门目标可能是人员招聘到位率达到 60%，而销售部的部门目标可能是市场占有率达到 30%。员工目标以部门目标为基础。

（2）岗位分析

企业设置这个岗位，存在的意义是什么？它有哪些职责？在实现公司战略目标中扮演了怎样的角色？能够准确回答出这些问题才能确保绩效目标的设定是合理的，才能设计出科学的绩效考核标准。

企业可通过面谈、问卷以及深入现场调查等方法收集与岗位有关的信息，在整理后形成岗位说明书。岗位说明书能准确回答工作的内容是什么？由谁来完成？在哪里完成？怎样完成此项工作等。某公司人力资源部综合管理岗位说明书如下所示。

岗位名称：综合管理　　　　　　岗位编号：××－××－××

直属上级：人力资源部经理　　　所属部门：人力资源部

岗位目的：协助人力资源部经理工作，完善人力资源管理体系。

工作内容：

1. 草拟公司相关人事管理制度；

2. 负责员工劳动合同签订及人事档案管理；

3. 组织市场薪酬调查，掌握市场薪资水平的变化趋势；

4. 参与制订公司薪酬管理制度并负责具体实施；

5. 负责公司员工的社保、失业、工伤、生育、保险等福利保障制度的制定和贯彻落实；

6. 负责处理公司的劳动争议和劳动纠纷；

7. 参加对公司员工的绩效考评工作；

8. 负责与外部人事组织、人才机构的协调联络；

9. 负责公司员工的日常考勤管理及其它事务性管理工作；

10. 完成上级交办的其他工作。

工作职责：

1. 对公司人事制度的完善和实施负责；

2. 对公司劳动合同的公平和合法性负责；

3. 对公司薪酬方案的编制和实施负责；

4. 对员工医疗、社保和公积金等事项的管理负责；

5. 对专业技术人员的职称等级的申报审查负责。

与上级的沟通方式：接受人力资源部经理的书面或口头指导。

同级沟通：与各部门经理的协调沟通。

给予下级的指导：对本部门其他员工的业务指导。

续表

> 岗位资格要求：大学本科以上学历，人力资源管理相关专业。5年以上工作经历，3年以上中型企业的人力资源管理相关工作经验。
>
> 岗位技能要求：掌握人力资源的相关知识，熟悉国家及地方的有关政策法规，了解行业内人力资源管理状况。良好的组织能力，优秀的沟通能力。

（3）内外部客户需求

企业的产出是通过流程产生的，而流程的驱动力来源于内外部客户的需求。因此，企业设定的绩效目标还要考虑内外部客户的需求，从中找到关键流程，分析员工在业务流程中所处的位置，最终确定员工的绩效目标。

2.1.4 设定绩效目标的原则

企业或个人在设定或判断绩效目标是否合理时，可以参考以下常用原则来判断。

（1）ABC 原则

ABC 原则是指你的目标须满足可行的、可信的、可控的、可界定的、明确的、属于你自己的、促进成长的和可量化的这几个要素。

- ◆ 可行的（Achievable）：这个目标是否可能实现。
- ◆ 可信的（Believable）：是否相信自己能在设定的时间内完成这个目标。
- ◆ 可控的（Controllable）：对可能会影响最终目标实现的因素的控制能力。

◆ 可界定的（Definable）：这个目标是否能很好地表达。

◆ 明确的（Explicit）：目标是否清晰、具体。

◆ 属于你自己的（For Yourself）：是否是自己真正想去完成的。

◆ 促进成长的（Growth-facilitating）：目标是否是积极向上的。

◆ 可量化的（Quantifiable）：是否是可以衡量的。

（2）SMART 原则

SMART 原则包含 5 层含义，S=Specific、M=Measurable、A=Attainable、R=Relevant、T=Time-bound。

◆ 具体的（Specific）：目标不能笼统，须是具体明确的。

◆ 可衡量的（Measurable）：目标应是数量化或者行为化的，验证这些目标的数据或信息是可以获得的。

◆ 可达到的（Attainable）：在付出努力的情况下可以实现目标。

◆ 相关的（Relevant）：与工作是相关联的。

◆ 有时限的（Time-bound）：有明确的截止日期。

2.2
可操作的绩效目标设计

你是不是遇到过这样的问题，给自己制订了很多计划，但却完成不了，你有没有想过为什么会完成不了呢？很有可能是你设定的目标本身就是不可达成的。当然，即使目标是可达成的，仍有人完成不了自己的目标，这就得找自己的原因了。

目标都是人定的，完成目标的前提是，这个目标是正确的、可操作的，这样行动起来才会有干劲和方向。

2.2.1 依据 SMART 原则设计的绩效目标

企业新接了一个项目，项目部负责人将该项目的绩效目标分解为了 3 个部分，包括投入目标、结果目标和影响力目标，负责人这样描述这 3 个目标。

投入目标： 通过保证资金审批、拨付和使用的合规性来确保项目资金投入和制度设定规范合理。

结果目标： 通过把控项目产出的数量、质量和时效来确保项目按量、按质完成。

影响力目标： 通过合理的管理制度和信息化监控，确保项目有效运行。

看了上面的 3 个目标，我想问一问，你觉得这样的目标怎么样？执行起来是否具有可操作性？答案很明显，这样的目标是模糊的，即使完成项目也无法衡量是否达成了目标。

实践中，常用 SMART 原则来设计绩效目标，根据该原则设计的绩效目标具有五大特点。

◆ 明确性

什么样的目标才是明确的？举个例子，客服部的目标是：增强客户满意度。这个目标就是个不明确的目标，怎样才算增强了客户满意度？我们根本不清楚。

我们将增强客户满意度变为：将客户投诉率降低到 5%。此时，这个目标就比较明确了，如果客户投诉率为 6%，那么就可以认为是没有完成目标。

目标的明确性需要考虑两个问题，即要做哪些事情？完成到什么样的程度?

◆ 衡量性

销售部经理设定了一个目标:销售人员要进一步拓展客户。这里的进一步是一个模糊的概念,进一步该如何衡量?只要见了客户就算拓展了客户吗?我们无法回答。

我来改进一下:合同金额达 100 万元,比上月增长 5%。这样目标就变得可衡量了。

衡量性要求目标应有一组明确的数据,作为判断是否达成目标的依据。当然,并不是所有的目标都可以很好的衡量,那么难以衡量的目标要怎么处理呢?目标的衡量标准可遵循:能量化的量化,不能量化的细化,不能细化的流程化。

◆ 可实现性

对你而言,当前可实现的小目标是什么呢?同在一个公司,你可能会回答:"买一套房。"他可能会回答:"减肥 5 斤。"其他回答还可能是买车、带父母外出旅游等。

对于这些回答我们都不会觉得难以实现,但如果有同事说:"我的小目标是先挣一个亿。"相信大家都会一笑了之,因为我们都会认为这个同事在做白日梦,但如果这个人是亿万富翁,相信你就不会意外了。

举这个例子是想告诉大家,目标的可实现性因人而异。"控制式"的领导喜欢自己定目标,但如果不考量目标的可实现性,就将这个目标交给下属去完成,一旦这个目标没有实现,下属会有无数个理由推卸责任。

一个刚刚成立的新公司,说要在两个月内成为上市公司,这个目标就是不切合实际的目标。不管是制定企业目标、团队目标还是个人目标，都要制定跳起来"摘桃"的目标，不能制定跳起来"摘星星"的目标。

怎么样才能制定出可实现的目标呢？这要求目标的制定要基于企业的现状，并有一定上升。另一方面要考虑所有员工的实力，超出他们能力范围的事，会让他们感到力不从心。

◆ 相关性

为什么要说目标必须有相关性，比如，你从事的是人力资源岗位，老板给你制定的目标是：设计出公司网站的版面。这个目标就比较"跑题"了，如果目标换成：编制员工手册，制订绩效考核计划与考核指标。这就没有走偏。

工作目标的设定要与岗位职责相关联，这样才能让对的人做对的事，才能事半功倍地达成预期目标。

◆ 时限性

在大学时，我曾经给自己定过这样一个目标：看完 100 本书。我在我的书单中写明了要看哪些书，并列明了先后顺序。刚开始，我还能坚持每天看书，后来就渐渐地将看 100 本书这个目标丢到了一边。

当时给自己找了一个不看书的借口："我还有时间，还不急，书可以慢慢看。"就这样，两年过去了，书单中的书还静静地躺在那儿，它认识我，但我不认识它，看完 100 本书的目标变得遥遥无期。

后来我意识到了这样永远无法完成我的读书目标，于是调整了自己的计划，目标仍是看完 100 本书，但我给自己规定了完成日期——一年，并设置了惩罚机制，如果没有完成，那么就请室友吃大餐，并请室友监督。

为了不请室友吃大餐，我为看完 100 本书这个目标设置了几个短期的目标，每个月要看完 4 ~ 5 本书。有了截止期限后，我有了紧迫感，空闲时不再打游戏、刷微博，而是看书，并且每天坚持睡前看书两小时。

截止日期到了，我发现我超额完成了目标。为感谢室友对我的支持，最后我还是请室友吃了大餐。

目标的时间期限一定要规定好，换句话说，没有时间期限的目标，跟没有目标是一样的。

2.2.2 目标分解与员工参与

目标分解和员工参与是绩效目标设定的两种方法，传统的目标分解法由最高管理者设定企业目标，再将企业目标分解为多个子目标，最终落实到部门和个人头上。

传统目标分解法设定的绩效目标通常由领导说了算，体现的更多是自上而下下达任务的一面。这种方法有什么好处呢？答案是：能实现对员工的控制。

我曾经和一个学员做过一个游戏，针对这个游戏我设定了一个场景。假设我是一个部门的领导，学员都是我的下属，这个部门的主要工作是踩脚。

我要求他们自己设定一分钟踩脚多少次这个绩效目标，他们设定的有 20 次、25 次、30 次、35 次、40 次和 45 次等。游戏开始了，结果是所有的学员都完成了自己设定的目标。

看了大家的表现后，我发现他们设定的目标并没有客观地评估自己。我对他们说："现在，我为你们设定一个目标，一分钟踩脚 90 次。"这时有学员说："我做不到。"我告诉他："别觉得自己做不到，这是因为你没有要求自己。"

学员开始尝试了，结果是 80% 的学员都完成了这个目标。

在这次的游戏中，可以发现，如果让学员自己设定绩效目标，他们常常会低标准要求自己，很难有大发展。因此，目标的制定，由领导说了算是有好处的。许多员工并不完全了解自身的实力，作为领导者，要去发现和挖掘他们的潜力。

员工参与的绩效目标设定是由上级和下级通过沟通，共同制定出绩效目标，这种方法可以让员工树立"主人翁"意识。

我曾看过一个电视剧，该剧以陕西省泾阳县吴氏家族的史实为背景，讲述了清末女首富跌宕起伏的传奇人生。剧中有这样一段对话。

A："你还把股份分给了下人，你不怕背负败家的罪名？"

B："众人持股，心往一处想，劲往一处使，事半功倍。千两银子之家，我就算全部拥有，也不过是千两银子。而现在，众人持股，家业翻番，我就算只占股 3 成，那也是万两银子计算，何来败家一说。"

这相当于如今的股权激励制，这种做法能把员工"拉入伙"，值得现代企业学习。让员工参与绩效目标制定与分股权给员工相似，目的都是希望员工能以"主人翁"的意识投入到工作中，目标统一。

如果企业不让员工参与一定的决策，那么员工和企业之间永远是雇佣和被雇佣的关系。绩效目标由员工和管理者共同制定，可实现组织目标和个人目标的完美结合，因为下属部门或个人会根据自己的需要和利益，提出对即将制定的目标的建议。

在这个过程中，领导者要懂得洞察哪些是正确的意见，哪些是偏执的意见，好的意见采用，不好的意见摒弃。

2.2.3 管理者设立绩效目标要注意什么

记得在我刚从事人力资源工作时，主管要我设定本年度绩效目标。花了一周的时间，我信心满满地将计划交给主管，结果被告知要重做，当时对我的打击很大。

主管拿着我的计划，提了几点建议：一、计划里几乎找不到可以量化的东西；二、目标太多且大多是不重要的目标；三、没有考虑整体情况。后来，在主管的指导和帮助下，我对年度绩效目标反复进行改进，最后总算得到了认可。

这里我想说的是，任何目标在制定中都有可能存在漏洞和问题，在经验不足的情况下更是如此，因此需要不断地修正和改进。

根据这些年做绩效管理遇到的问题，我总结了绩效目标设定时的注意事项，希望能对大家有所帮助。

①要将公司、部门和个人三者的目标相连。

②不要设立太多目标，以 3 ~ 5 个为宜。

③确定目标的重要性，不重要的目标可摒弃。

④不要设立一般性或模糊性的目标。

⑤目标分解应协商确定，忌强制摊派。

⑥目标不能太难，也不能太易。

⑦除长期目标外，目标的设定以年内完成为宜。

⑧制定目标时应该注意采用正向激励。

2.3
绩效指标和衡量标准

培训过程中发现，大家最关心的问题都是如何设计绩效指标，这从侧面说明了绩效指标的重要性。实践中，经常看到很多企业设计了一大堆看起来很"美"的绩效指标，但对实现企业的战略目标并没有太多帮助。

什么样的绩效指标叫"好"，什么样的绩效指标叫"差"，这需要绩效标准来衡量。设定绩效指标和衡量标准看起来很简单，但实际却是很复杂的工程。

2.3.1 设计绩效指标的关键

我在参加与绩效管理有关的论坛或研讨会时，常常会听到企业领导者抱怨："绩效指标的确定真是件不容易的事。"绩效指标的设定确实是一个难题，许多企业会花大量的时间在这个工作上。

根据我做绩效管理的经验，我总结了一些设计绩效指标的方法和技巧，可以帮助攻克这个难题。

◆ 缺什么，要什么

企业的绩效指标应围绕"缺什么，考什么；要什么，考什么"来确定。比如服务性行业需要的是客户满意度，那么什么是客户满意度的表现呢？一般是客户投诉率，因此客户投诉率就可以作为绩效指标。

绩效指标并不是一成不变的，它会根据企业内外的情况而变动，因此在绩效指标的拟定过程中，还要考虑设计的指标是否与企业当前战略目标的实施脱节。

◆ 应突出重点

有些指标对大多数公司来说都是适用的，如出勤率、培训到位率等，但这些指标是否需要考核是值得考量的。

企业确定的绩效指标不一定要面面俱到，制订过于太复杂的指标只会增加管理的难度，降低员工的满意度。

企业要避免"理想化""看起来好，但不中用"的指标。另外，有一种指标比较难以割舍——好看中用，但获取成本高。

考虑收集指标的成本和收益是有必要的，绩效指标应该以较低成本获得，而不应为绩效管理增加过多的成本。对于有用，但获取难度较高，需要投入大量人力才能收集到的指标应舍弃。

◆ 重在"适"字

"适"体现在有效性上，绩效指标并不一定要有多高深，关键是考核的指标要能正确反映工作绩效。

许多企业进行指标设计，常常控制不了素质和业绩的天平。到底是重素质，还是重业绩呢？这要回到"缺什么，要什么"这个关键点上来，如销售部会看重业绩，而客服部更看重素质。

企业中，一套好的绩效考核指标，要在业绩和素质之间安排合适的比例，大多数企业的做法是：在突出业绩的前提下，兼顾对素质的要求。

2.3.2 衡量绩效目标的尺度

衡量员工完成绩效目标的尺度是什么呢？答案是绩效标准。对员工进行考核，什么叫优，什么叫差，都需要用一定的标准进行衡量。标准不能模棱两可，一般以数量、质量、时间和成本作为衡量标准。

（1）数量

◆ 产品的产量。

◆ 接听电话的次数。

◆ 拜访客户的次数。

◆ 完成的项目数。

◆ 销售金额。

以上这些都是数量，数量一般用绝对数来表示，如产量 100 万台、接听电话 50 次等。

（2）质量

质量指的是优劣程度，以下都属于质量。

◆ 客户满意度。

◆ 员工满意度。

◆ 合格。

质量既可以用相对值来表示，也可以用绝对值来表示，如客户投诉人数、客户满意度、合格品数量。

（3）时间

时间很好理解，即指期限。在绩效考核中，时间一般指一个考核周期。时间的表述方法有多种，如 6 个月内、不超过一年和 12 月 31

日前等。

（4）成本

◆ 废品损失、停工损失。

◆ 原料、材料、燃料。

◆ 办公费、差旅费、劳保费。

以上这些都属于成本，成本可以用相对值或绝对值来表示，如办公费不超过 5 000 元、不超过预算的 5%。

2.3.3 写出让员工一看就懂的指标

绩效指标不是给考核者看的，而是给被考核者看的，如何才能让被考核者看懂绩效指标呢？这需要在指标的写作上下功夫，常用的指标写作方法有以下几种。

◆ 列举法

某企业要对生产部进行业绩考核，管理者想到了几个可以衡量业绩的指标，于是将其罗列出来。

产量、生产费用、成本比重、产品合格率、费用率

这种将指标一一罗列出来的方法就是列举法，再比如对学历进行考核，可以罗列出的指标有：博士、硕士、研究生、本科、大专、中专等。

实际情况是，通过列举法会罗列出很多指标，对这些罗列出来的指标还需要进行筛选，从中选择合理的绩效指标。有时候，绩效指标的最终确立会反复经历罗列→筛选→罗列→筛选这一循环过程。要明白，一套绩效指标的设计不是一蹴而就的，毕竟"罗马不是一天就能建成的"。

◆ 比率法

比率法就是用百分比来表述指标，如出勤率 98%、核心人才储备率为 80%、员工培训合格率 90%。

◆ 加分减分法

加分减分法是指当出现某种情形时给予减分或加分，如对出勤率进行考核，全勤为 5 分，事假扣 1 分，旷工扣 3 分；再比如对核心人才储备率进行考核，达到 50% 为 100 分，每减少 1%，扣 20 分，45% 以下 0 分。前者属于直接减分法，后者属于线性减分法。

加分法与减分法相反，如被评为优秀员工加 5 分，积极分子加 2 分，普通员工不加分；对员工培训合格率进行考核，达到 80% 为 100 分，每增加 1% 加 4 分，最高为 120 分。

加减分法是操作简单的一种指标评分方法，对于超过标准得多少分，或低于标准减多少分，都要设置上限和下限。实践中，直接加分和减分适用于正向或负向事件打分，如旷工就属于负向事件，那么就采用直接减分法。

◆ 阶梯评分法

有些绩效指标的完成程度有难易之分，如销售计划完成率这一指标，完成标准的 80% 是很容易的，完成 100% 需经过努力才能实现，完成 120% 需付出重大努力才能获得。对于这种指标，适合采用阶梯评分法，如本例中可将完成 80% 作为及格线，完成 100% 作为良好线，完成 120% 作为优秀线，然后分阶段分别给予不同的分值。

在具体写作绩效指标时会将上述几种方法结合起来使用，使被考核者既清楚指标是什么，又知道指标的衡量标准是什么。

2.3.4 绩效评估指标的量化

指标的量化由两个部分构成，权重＋赋值。

（1）权重

前面我说过，绩效指标的设定要有重点，那么指标的重要性要如何体现呢？答案就是权重。

实践中，指标权重的多少大都凭人为经验判断，我们可以将这种方法称之为经验法。这种方法的好处在于效率高、成本低，所以才会被广泛采用。但这种方法也有局限性，若决策者的能力不高，容易具有片面性。

为了避免个人的不客观性，可成立一个评估小组来保证指标权重的相对准确性，小组成员可参考以下要点来确定权重。

①每一个指标的权重以 5% ~ 30% 为宜，权重不宜太低，也不能太高。若某一指标的权重太高，如 80%，那么员工可能只关注高权重指标，而忽略其他指标；若权重太低，这个指标会失去设立的意义。

②对于不同岗位的指标，权重应有所侧重。管理岗位业绩指标和财务性经营指标的权重应大一些，基层岗位和职责相关的工作结果类指标权重应大一些。

③选定的绩效指标应以定量为主，定性为辅。权重上，应优先设定定量指标的权重。同时，定量指标的权重要大于定性指标的权重。

④根据二八法则，主要的绩效指标一般只有 2 ~ 4 个，权重占比以 60% ~ 80% 为宜。

⑤权重要引导被考核者重视自己的短处，对于能起到改进绩效作

用的指标，权重可高一些。

（2）赋值

说到赋值，我想先分享一个案例。

某企业在北京和成都都有分公司。今年，北京的一位销售人员完成了 250 万元的业绩，成都的一位销售人员完成 180 万元的业绩，问："这两位销售人员，谁的绩效更好。"

相信你们中的大多数都会回答："北京销售人员的绩效更好。"这看起来似乎是很显然的。我现在告诉你，北京和成都的市场规模是不同的，北京市场规模远大于成都，那么再问你："这两位销售人员，谁的绩效更好。"此时，你可能要思考一番才能回答我了。

为了便于比较谁的绩效更好，根据北京和成都的市场规模，我们设定一个绩效标准，即北京业绩达标的绩效标准是 350 万元，成都业绩达标的绩效标准是 200 万元。

接下来算一算两位销售人员的业绩达标率，结果为北京销售人员：71.4%，成都销售人员：90%。这样看来，成都销售人员的绩效要比北京销售人员的绩效好。

最后，针对两者的表现，来算算绩效评分。假设按照完成 100% 为 100 分，减少一个百分点扣 1 分，超额一个百分点加 1 分为评分标准。那么北京销售人员的绩效分数为 71.4 分，成都销售人员的绩效分数为 90 分。

这个案例很好地说明了什么是赋值，赋值就是为绩效指标赋予一定分数的过程。

双向沟通时的解释与说明

企业已经开始实施绩效考核了，但员工还在问："我的业务指标是什么？"这反映出了绩效沟通的不到位。绩效计划是管理者和员工共同沟通，对绩效目标和工作标准达成共识的过程。

在这一过程中，管理者可以根据员工的实际情况确定更周全的绩效计划，而员工可以了解绩效管理的好处有哪些，绩效目标是什么，可以这样说，有效的沟通是一个成功的开始。

2.4.1 管理者和员工分别传递哪些信息

关于绩效计划的沟通，先来看看你会不会犯以下错误。

年初，一家医疗公司准备进行绩效考核，公司领导层决定中层人员的考核计划和考核目标由分管副总自己制定。于是该公司赵总为人力资源部主管张经理制订了以下绩效指标。

招聘任务完成率；薪酬计算错误人次；员工投诉、争议处理有效性；公司员工培训计划完成率；员工主动离职率；人均招聘费用。

到了年末，赵总根据绩效指标为人力资源部主管评分。第二天，张经理沉着脸来找他，说："我一年勤勤恳恳，工作表现也相当出色，为什么只得了 4.5 分。"赵总指出了张经理工作中的几个小错误，笼统地说："没人能得满分，下年度考核继续努力就行了。"张经理虽然没再说什么，但他对赵总的答复并不满意，同时，对绩效考核也产生了不信任感。

本例中，绩效指标的制订由分管副总一人说了算，人力资源部主管张经理并没有参与，导致张经理并不清楚考核指标和评价标准。考核结果出来了，张经理的评分并不高，自然会对考核结果不认可。当张经理表现出对考核结果不满时，赵总并没有认真对待，而是草率应对，这种行为势必会引起下属的反感。

从上述案例可以看出，从绩效计划制订到最终考核结果出来的整个过程中，绩效的沟通都是很缺乏的。正确的做法应该是，在设定绩效目标时，考核者和被考核者应该就考核的重点进行沟通，使双方明确考核目标。为确保绩效计划顺利推行，还要进行必要的绩效辅导。最后，针对考核结果进行沟通，促进绩效改进。

绩效计划沟通是双向的，在这个过程中，管理者和员工需要互相传递信息。首先，管理者要向员工解释以下问题。

①企业整体目标是什么？

②本部门的目标是什么？

③对员工的绩效期望是什么？

④对员工的绩效目标有什么要求？

⑤需要的支持和帮助。

其次，员工要向管理者反馈一下问题。

①对绩效目标的认识。

②对如何完成工作的认识。

③疑惑和不理解之处。

④需要的支持和帮助。

2.4.2 绩效计划的横向和纵向传递

绩效计划制订好了，许多管理者就认为可以高枕无忧了，这是错误的想法，制定完绩效计划后，还需要在管理层之间进行横向传递，在部门或团队间进行纵向传递。传递旨在更好地推进绩效计划地实施，具体方法有以下几种。

◆ 年度/半年度大会

众所周知，年度/半年度大会的参会人员会有很多，在这种重要会议上发布绩效计划，能引起听众的重视，同时大会的氛围能激励士气和提升凝聚力，信息发布的效率会较高。

但这种传递方式的缺点也很明显，由于人数众多，更多的是单向的信息传播，而不是双向的沟通。

◆ 公告

这种传递方法实施起来很容易，只需将绩效计划发布到企业 OA 或张贴到信息栏中即可，并且方便查询。缺点在于缺乏解读和双向沟通，可能导致理解上的偏差。

◆ 普通会议

当有共同话题需要交流，有事情需要宣布时，都可以召开会议。普通会议更多的是沟通，能使参会人员更好地理解绩效计划。缺点是，不够正式，由于会议人数较少，信息传递的效率也较低。

◆ 邮件

邮件操作便捷，传播速度快，但保密性较差，对于一些机密信息不适合用邮件进行传递。

2.4.3 绩效计划沟通遇到的问题

一天，市场部经理告诉你："小李，周五会议需要一份市场分析报告，你这几天写好了交给我。"简单的几句，经理就给你布置了一项工作。

作为下属，你可能会有"敢怒不敢言"之念。如果这时问你，"你听懂经理的意思了吗？"你可能会回答："听懂了，不就是写个市场分析报告吗。"

如果我再问你："报告中是否要包含市场竞争状况分析的内容？"你可能会回答："一般的市场分析报告都会有这个内容，经理要求的报告大概也需要吧。"注意，此时你的回答并不确切。

那么，问题来了，如果经理认为市场分析报告要用数据说话，要对行业竞争者进行分析，并提出主要品牌经营策略。但你的报告，只是泛泛而谈，并没有用到数据，怎么办？

为什么会出现理解上的偏差，原因在于，一个没有说清楚，一个没有问清楚。在绩效计划沟通时，类似的错误，大家都可能犯。我们已经知道了制订绩效计划过程中双方要传递的关键信息是什么，但听到了，并不表示听懂了，听懂了并不代表理解了。

作为管理者，在沟通中往往会占主导地位。沟通前，管理者要清楚自己的目标，考虑员工的工作目标是什么，如何阐述才能让员工清楚理解这个目标。想清楚了，再与员工沟通交流，会更顺畅。

沟通时，员工的理解也很重要，不妨问一问，"你如何看待这个工作任务""理解这个目标了吗""是否理解工作目标和组织目标的关系""这个目标对个人绩效的影响你有什么看法"。虽然管理者都希望在绩效计划沟通中员工能主动反馈问题，但并不是所有的员工都是主动型员工，对于不主动的员工，管理者要学会"施压"。

　　沟通中产生冲突是在所难免的，当双方出现分歧时，管理者要清楚哪些可以让步，哪些必须坚持。如果员工提出目标值过高、公司提供的支持太少，这时你要如何应对。如果事前就想到了这些问题，沟通起来会更有把握。

　　因此，在沟通前，可以把沟通中可能会遇到的问题在心里过一遍，避免沟通过程中出现偏差，当员工出现偏差时也可以适时引导，让员工从内心接受绩效计划。如果因为双方观点的不一致，导致谈不下去了，不妨改变策略或暂缓讨论。

　　沟通是双向的，因此管理者不能只顾自己，还要摸清员工的底线。员工拒绝这个工作目标，那么问题出在哪？是目标值太高？还是员工的托词？都要有数。

绩效管理过程中的辅导与监控

许多管理员在绩效计划制订完成后，就成了"甩手掌柜"，问他"员工工作进展怎样了""有没有遇到困难""哪些方面需要改善和提高"，都回答不知道。姑且不论不闻不问是否会对绩效目标的实现产生影响，从另一方面来看，如果问你的是领导，领导肯定会认为你是不称职的管理者。

3.1

绩效辅导影响绩效管理的成败

前不久，我与一个朋友一起吃饭聊天，聊得正起劲时，他突然接了一个电话。从他接电话的表情和语气中，我知道他很生气，等到他怒气冲冲地挂断电话后，我问他："怎么了？"

朋友这样回答："我们公司准备召开秋季客户培训交流会，我让新来公司的小罗负责邀请老客户和合作公司的代表参加交流会，但现在他却告诉我只有几个人愿意参加，你说我能不生气吗？"

我问他："事前，你有没有告诉小罗，应该邀请哪些人，有没有把你的经验和技巧传授给他呢？"朋友回答说："这不是很简单的吗？难道还要我教？"

我的这位朋友的问题就在于没有重视辅导，辅导和帮助员工成长是管理者的主要职责之一。试想，一个没有学过开车的人，你让他开车上路，他只会成为"马路杀手"。即使他学了点皮毛，但皮毛并不能让他通过驾照考试。

如果把考驾照看作是一次绩效考核，目标就是通过考试，为了让学员通过考试，教练不仅要告诉学员，你的目标是获得驾照，还要不断地传授自己的经验给学员，纠正学员的错误，这样才能实现此次绩效目标。在考驾照这个绩效考核过程中，管理者充当的就是教练这一角色。在绩效管理中，各级管理者都需要对下属给予绩效辅导和支持，这样才有利于绩效目标的实现。

3.1.1 绩效辅导要明确哪些问题

所谓绩效辅导是指管理者与员工讨论工作进展情况、取得的成绩、存在的问题和解决问题的办法，并帮助其解决问题，以达成绩效目标的过程。这一过程，具有以下作用。

◆ 了解员工工作情况，掌握工作进展信息，便于及时协调和调整。

◆ 提升下属工作能力，帮助员工达成甚至超越绩效目标。

◆ 避免考核时一些意外的发生。

◆ 掌握考核评价的依据，以便评估客观公正，使考核有说服力。

◆ 提供员工需要的信息，让员工了解自己，看到自己的改变，以便管理者和员工步调一致。

总之，绩效辅导是绩效管理的关键环节，其对绩效计划的落实、员工绩效水平的提高和绩效评估都有影响。每次进行绩效辅导时，管理者都要明确以下几个问题。

①工作目标进行的怎样了？

②在哪方面表现出色？

③哪方面需要改进和提高？

④员工是否在努力完成绩效目标？

⑤哪些工作可以帮助提高员工能力和绩效？

⑥绩效目标是否需要调整。若需要，怎样调？

3.1.2 绩效辅导的主要步骤

绩效辅导看起来并不难，但作为"教练"，怎样做好辅导工作是需要思考的。先来看看，作为管理者的你，有没有遇到以下烦恼。

今天，公司领导找到了你，对你说："团队的成员反馈，你平时对大家做的绩效辅导太少了。"

你很惊讶，回答道："不会吧，每月月底我都会让团队成员总结工作计划完成情况，还让他们分析不足。这总不能，每周或每天进行一次吧。"

领导："哦，这样啊，还有没有其他的。"

你："我还会不定期的跟踪目标进展，如果成员有懈怠，还会督促他们。"

领导："你的成员在工作中遇到了哪些问题，哪方面需要提高，你知道吗？"

你："要是他们有困难肯定会主动找我，每天手上的工作都有很多，也不可能天天围着他们转吧。"

领导没有再说什么，默默走开了，发工资时，你发现工资少了一大半。

管理者要明白，在绩效辅导中，自己扮演的角色不是监工，如果只是跟踪和监督目标完成情况，换做谁都可以做。绩效辅导，通常包括以下几步。

（1）绩效观察

绩效观察是为了更好地进行沟通和辅导，主要工作是获取辅导对象的相关信息，如工作目标达成情况、员工处理关键事件的行为，这些信息能为辅导和绩效评估提供依据。缺乏绩效观察会带来以下后果。

◆ 绩效改进无法进行。

◆ 绩效评估凭个人感觉打分。

◆ 评估没有说服力，下属不满意。

（2）绩效诊断

绩效诊断主要是对员工的绩效现状进行分析，了解员工存在的问题或遇到的困难，绩效诊断会从知识、技能、态度和外部障碍这4个方面来诊断，如图3-1所示为绩效诊断箱。

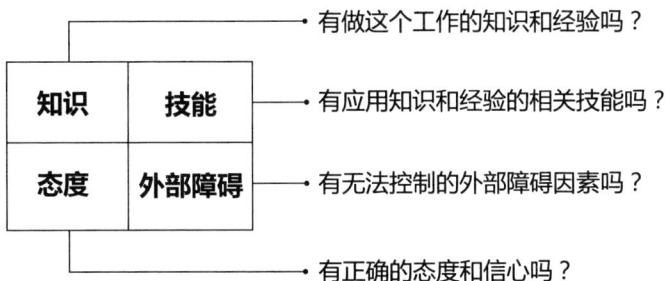

图 3-1

（3）绩效改进

经过前面做的工作，对员工的工作情况、困难，以及需要改进的地方都有了深刻的认识。此时，就需要安排辅导，落实改进计划，提升员工的能力，进而改善员工绩效。

3.1.3 把握不同阶段的辅导重点

实践证明，你不可能一次性把所有问题都改进得很完美，这时要考虑有针对性的辅导。针对员工的绩效表现，你可以把员工分为4类，包括进步快速、有一定进步、未尽全力和表现退步。

针对这4类员工，应采取不同辅导方式，管理者可参考如图3-2所示的内容来进行。

进步快速者	有一定进步者
1. 适时给予正面夸奖和鼓励 2. 给予更多的授权和表现机会 3. 帮助确立长期职业规划 4. 针对不足之处进行培训 5. 适时公开表扬	1. 了解长处和需要重点改进的内容 2. 通过导师带徒弟的方式来补足技能欠缺之处 3. 提供必要的支持、教导和培训，强调自我总结 4. 适当提供更多与工作相关的任务
未尽全力者	表现退步者
1. 通过沟通了解员工未尽全力的根源，适当施压 2. 挖掘其擅长之处或兴趣所在 3. 给予更多关注，适时肯定其能力 4. 协助解决难题，表明期待其有更好的表现	1. 了解退步的原因 2. 加强审视和回馈 3. 重点观察员工的行为表现 4. 提供更多关注和指导 5. 跟踪工作进度，定期沟通

图 3-2

另外，还可以根据问题的严重程度和改进的难易程度来把握辅导的先后顺序，这里我以坐标轴的方式来表示，如图 3-3 所示。

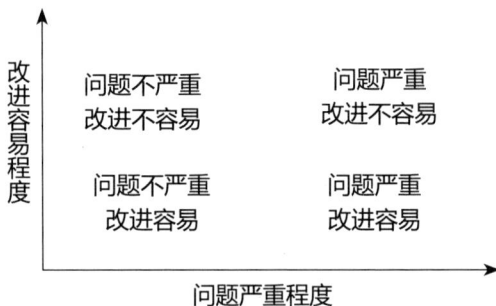

图 3-3

根据上图，辅导的优先顺序应为问题严重、改进容易的最先辅导，问题不严重、改进不容易的最后辅导。

3.1.4 绩效辅导的 GROW 模型

GROW 模型为我们提供了"教练式"的辅导工具，启发被辅导者找到适合自己的方法，并鼓励其行动。GROW 的意思是成长，由 4 方面内容组成。

- ◆ G（Goal）：代表审视员工业绩目标。
- ◆ R（Reality）：代表搞清楚目前的现状和事实。
- ◆ O（Options）：代表寻找解决方案。
- ◆ W（Will）：代表制定行动计划。

结合 GROW 模型，可构建绩效辅导模型图，如图 3-4 所示。

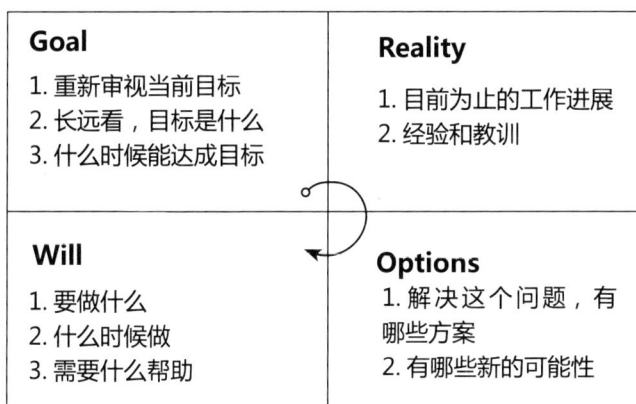

```
Goal                          Reality
1. 重新审视当前目标            1. 目前为止的工作进展
2. 长远看，目标是什么          2. 经验和教训
3. 什么时候能达成目标

Will                          Options
1. 要做什么                    1. 解决这个问题，有
2. 什么时候做                  哪些方案
3. 需要什么帮助                2. 有哪些新的可能性
```

图 3-4

3.2
持续不断的绩效沟通辅导

沟通贯穿于绩效管理的整个过程中，只是，不同阶段沟通的重点会不同。在介绍绩效计划时，我说过绩效计划中的沟通主要是为了使

管理者和员工就绩效目标达成一致。而在绩效辅导阶段，沟通的目的有两个，一是了解工作进展和障碍，二是对工作偏差进行纠正，改进绩效。

3.2.1 绩效沟通辅导的方式

我在做培训时观察了很多企业的绩效辅导，发现了一个现象：管理者认为已经做了辅导，但员工却认为没有辅导。问题出在谁身上呢？我想管理者和员工都要反思。

一天，部门张经理从下属小王的座位经过，发现小王正在做的PPT全是文字，图表使用很少。于是，张经理将自己做PPT的经验告诉了小王。

张经理告诉小王："过多的文字会给听众带来负担，文字较少的PPT更容易被听众接受和吸收。在做PPT时，要学会用图说话，好的图能代替一千句话。"说着，张经理指了指小王的电脑屏幕，"比如这个，用图表来表达会更好。"接着，张经理还为小王演示了如何将文字和数据转换为图表。

在张经理看来，这次指导就是对小王的一次绩效沟通辅导，但小王却不这样认为，小王觉得，这只是经理偶然帮助自己解决了一个问题。这种现象在许多企业都有出现，一次偶然的碰头交谈、一次简单的传授，管理者会认为这是日常的绩效沟通辅导。但员工可能会对这种不太正式的沟通和指导不以为然，事实是员工往往更重视相对正式的绩效辅导，并且他们也很难发现工作之余的交流、鼓励也是辅导。

正式的沟通辅导和非正式的沟通辅导是绩效沟通辅导的两种方式，这两种方式各有优点。正式的沟通辅导能引起员工的关注，但没有非正式的沟通辅导灵活、解决问题迅速，这两种沟通辅导方式的形式和内容如表 3-1 所示。

表 3-1　正式和非正式沟通辅导的形式和内容

辅导方式	形式	内容
正式沟通辅导	书面报告	员工通过工作报告、总结、日志等方式向管理者汇报工作进展，如日报、周报和月报等
	例会	为管理者和员工提供了一个较正式的沟通机会，参会人员能互相了解工作进展，探讨遇到的问题，管理者也能更好地传递信息
	面谈	这种面谈一般是一对一进行，可以更深入地探讨，因材施教，也能让员工有被重视的感觉，可促进上下级关系
非正式沟通辅导	走动式辅导	管理员不定时地到员工座位旁走动，了解其工作状态、工作方式等，通过现场沟通指导的方式解决员工的问题
	开放式辅导	在开放式的办公环境中，除特殊情况外，员工如果遇到工作上的问题，都可以直接向主管提问，寻求帮助
	间歇式沟通	在工作间歇时，管理者可以与员工进行较轻松的话题交谈，并在交谈中顺带问一问工作中的问题
	非正式会	非正式会议有联欢会、茶话会和生日晚会等，在这种轻松的氛围中，管理员可以和员工聊一聊需要帮助的地方，给予鼓励和肯定
	实时沟通	电话、电子邮件和其他网络通讯工具都可以作为实时沟通的媒介，管理者同样可以通过这些工具进行辅导

3.2.2　选择合适的绩效沟通辅导时间

我认为，成功的绩效沟通辅导也要讲究时机，这里做一个简单的分享。

销售部的小陈最近遇到了一个难搞的客户，该客户对公司产品很认可，但认为产品价格超出了自己的预算，希望小陈能为自己降点价。由于降价并不是由小陈说了算，于是他找到了部门经理寻求帮助。

到了经理办公室，小陈向经理反馈了这个客户的情况。这时，经理的手机响了，原来有一个大的项目出了点问题，需要经理马上解决。于是，经理告诉小陈："这个事情有点急，我处理完了再告诉你如何搞定这个客户。"

由于经理手上的事情较多，就将小陈这件事给忘了，等到经理想起的时候，已经过去两天了。经理找到小陈，告诉了小陈解决方案，当小陈打电话跟进客户时，客户却告诉他，由于小陈迟迟没有给他回复，他已经和其他公司合作了。

在本例中，一个较好的绩效沟通辅导时机实际上已经出现了，那就是小陈向经理寻求帮助时。但由于经理太忙，就将这个时机一拖再拖，等到事后想起时，实际上已经没有太大的沟通辅导价值了，因为客户已经丢失了。这个案例告诉我们，不同的时机，导致的结果也大相径庭。作为管理者，应根据需要，给员工提供及时的沟通辅导，可参考如图3 5所示的内容把握沟通辅导的时机。

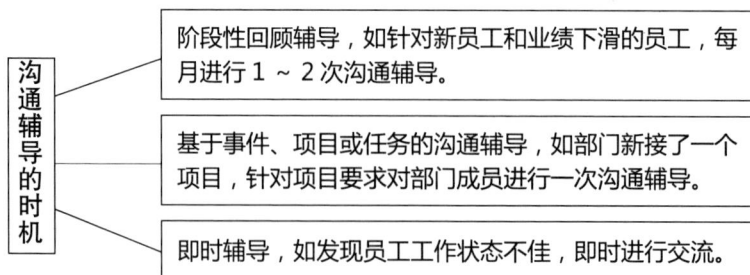

图 3-5

即时沟通辅导又可分为多种情形，以下几种都是即时沟通辅导的时机。

◆ 当员工需要征求意见时。

◆ 当员工希望帮助解决问题时。

◆ 当员工培训掌握了新技能时。

◆ 当发现可以改进的机会时。

3.2.3 绩效沟通辅导记录

一次正式的沟通辅导完成了，可以用绩效沟通记录表记录此次沟通辅导的内容，以便于后期考核和辅导时查阅。

如表 3-2、3-3 所示为常见的绩效沟通记录表。

表 3-2　绩效沟通记录表（1）

姓名		部门	
职位		沟通时间	
一、工作点评 1. 完成较好的工作项目： 2. 需要改进的工作项目：			
二、业绩辅导 1. 员工在专业技能、知识结构或管理技能方面的优势： 2. 员工在专业技能、工作态度、知识结构等方面有待改进的地方： 3. 员工下一阶段的业绩改善方向及发展计划：			
三、需要的帮助和支持			

表 3-3　绩效沟通记录表（2）

沟通主管		沟通对象	
沟通时间		沟通地点	

一、工作目标和任务（讨论目标计划完成情况及效果，目标实现与否；目标是否有调整，调整的内容是什么）

二、工作评估（对工作进展情况、工作态度和工作方法作出评估；什么做得好、什么需改进；讨论存在的问题）

三、改进措施（下一步工作重点；提出改进措施、解决办法及个人发展建议）

四、需要的资源、支持及帮助

　　绩效沟通表建议由员工填写，由主管审阅，以确保双方达成共识。

3.2.4 沟通辅导不是亲力亲为

管理者在对员工进行沟通辅导时，常常会忽略一点，员工是有自主意识和能力的，很多时候，他们只需管理者提点一下，就可以做得很好。

如果管理者的辅导是告诉员工，你们的职责是什么？你们应该怎么做？甚至亲自处理关键环节，慢慢地，员工会失去思考和动手的能力，最终将是尽管你劳心劳力，但企业业绩不会有太大的提高。

A 企业是一家新成立的网络科技公司，由于是初创公司，因此十分重视市场的开拓。为保证每月销售业绩的实现，销售部经理很关注员工的工作。

在指导员工开展业务的过程，经理发现，虽然员工都很努力，但在与客户谈判和签合同期间，总会出现这样那样的问题。每当员工出现问题时，经理都会接手，自己亲自上阵与客户谈判，事后也不会与员工交流心得。

虽然比起下属，经理更能把握客户，但这样也使得经理一心只关注销售工作，而忽略了其他方面的管理，同时员工没有得到进步，销售业绩也并没有太大的起色。

管理者要明白，辅导的原则是协助，而不是干预或自己处理。在管理者辅导员工的过程中，应以员工为主，让员工自己思考和动手。没有思考就意味着失去了对问题的反思，没有动手就意味着失去了实践的机会，能力提升也无从谈起。

在沟通辅导中，员工是否在听，管理者无法控制。但可以通过提问来了解员工的真实想法。有位员工在工作上遇到了难题，现寻求你的帮助，你不应该直接告诉他如何去做，也不应该一屁股坐在员工座位上，自己动手操作起来。此时，你应该问他："你认为问题出在哪？"你要让员工大胆说出自己的想法，若员工提出的原因与自己的想法有偏差，这时可以进行引导，启发员工发现问题。

接下来，你还可以问员工："你认为该如何解决？"让员工思考相应的解决方案。如果员工提出的解决方案是可行的，那么给予肯定，然后补充一些你的经验。通过这样的启发，员工知道了这个问题该如何解决，更重要的是他学会了主动思考和主动行动，员工的责任感就树立了。员工成长了，经理也是受益者。

3.2.5 营造友好辅导氛围

不知道大家有没有这样的经历，到了图书馆会不自觉地放轻脚步，放低说话的声音，这是氛围对人的影响。在沟通辅导过程中，氛围会影响沟通辅导的效果。

新员工小刘进入公司销售部两个月了，但一直无法独立去见客户。部门经理知道情况后，准备找小刘谈话。他来到小刘座位旁，敲了敲小刘的桌子，说："来我办公室一趟。"

小刘一进办公室，显得很紧张，这时经理生气地问道："你来公司也有这么久了，为什么不能单独去见客户？"

小刘顿时脸涨得通红，支支吾吾，半天回答不上来。见状，经理也没再说什么了，让小刘回自己的工作岗位了。

随后，经理找来了小刘的同事，询问小刘的情况。心里有底后，过了两天，在空闲时经理将小刘叫到一旁与其交谈。经理没有直接问小刘工作上的问题，而是先从小刘的爱好、学习情况聊起，慢慢地小刘敞开了心扉。这时经理才询问小刘在工作上存在的问题，小刘坦白自己不擅常与他人交流。经理告诉小刘，不要担心，他会给予其帮助。在经理的帮助下，小刘意识到，原来与他人交流也不是件难事。从此，在工作上进步很快，不久就能独自应对客户了。

可以看出，营造友好的沟通辅导氛围能消除员工的紧张感，调动积极性，保证沟通辅导工作取得比较好的效果。下面，我分享一些我做绩效辅导时营造良好氛围的方法。

◆ 坦诚的态度

管理者和员工所处职位的不同容易造成信息不对称，坦诚的态度能拉近双方的距离。特别是管理者，最好以真诚待员工，若没有真诚或欠缺真诚，任你有多高深的沟通技巧，员工也不可能将自己的真实想法告诉你。

◆ 切入正题的时机

有时，直接切入正题并不是很好。在进入主题前，可以谈谈工作之外的话题，使员工放松心情。比如，在交谈前发现员工表现得很疲惫，这时可以问问他，是不是因熬夜导致了睡眠不足。得到肯定的回答后，可以给予关心，提醒员工要保证睡眠质量。这时双方已建立了良好的关系，再进入主题就很好了。

◆ 突出员工的地位

在辅导员工时，管理者不要把自己摆在高高在上的位置上，一定要突出员工的地位。沟通中，要虚心接受员工的意见，即使他说的不正确，也不要立马否定，等他说完，再将自己的见解说出来。

3.2.6 不同员工，采取不同沟通方式

针对员工的能力和意愿，可将员工分为如图 3-6 所示的 4 类。

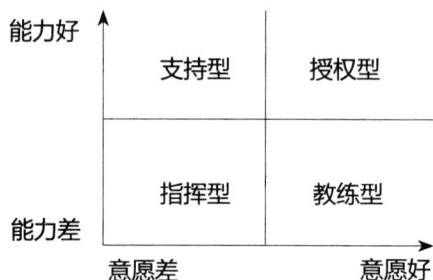

图 3-6

上图中的能力是指员工所具备的知识、技能和经验，意愿是指员工的主动性和自信心。从图中可以看出，我们将员工分为了指挥型、教练型、授权型和支持型，对于这4种类型的员工，有以下不同的沟通对策。

指挥型。这类员工的能力和意愿都较差，要加强沟通的频次，指出其能力和意愿的不足之处，在提出改进计划后，最好再加上一个期限，起到督促的作用。

教练型。这类员工的意愿好，但能力差。宜保持稳定的沟通频次，沟通时，指出能力的不足之处，并根据具体的工作内容给出详细和明确的指导。

授权型。这类员工能力强，意愿也好，沟通频次偏少，沟通内容以赞扬、肯定和支持为主，同时可多听听其意见。

支持型。这些员工能力强、但意愿差，要保持稳定的沟通频次。沟通时，既要鼓励也要施加一些压力，多听听其在意愿上的障碍，并帮助其解决这些问题。

3.2.7 基于绩效问题的沟通辅导

看一看，在沟通辅导中，你是不是出现过以下情况。

①没有及时发现员工在工作中出现的问题，结果造成了比较大的损失。

②新员工经常犯错误，便对员工的能力产生了怀疑。

③将不是问题的"问题"视为了问题，结果适得其反。

沟通辅导的重点应是关键环节和员工的短板，在辅导中，管理者要有基于绩效问题进行辅导的意识。根据绩效问题的发展阶段，可将其分为急迫型、发现型和预测型。

- ◆ **急迫型**：急迫型是指这个问题已经显露出来了，需要尽快解决。
- ◆ **发现型**：发现型是指问题已经出现了，但不急于解决，这类问题常常会被忽略。
- ◆ **预测型**：预测型是指根据经验和分析发现的问题，这类问题具有隐蔽性。

能正确发现员工的问题是管理者能力的体现，管理者只有在充分了解员工的工作内容和表现后，才能找出员工在工作中出现的问题，另外也可以通过倾听收集员工的问题。

有些问题已经发现了，并向员工提出了，但员工可能并不在意，因此管理者还要让员工认识到问题的重要性，下面来看一个案例。

近日来，每天都可以听到办公室的同事在抱怨：

"怎么网络又断开了？"

"这网速也太差了吧？"

"小王，无线网没信号了，麻烦你看一下。"

对办公室的大多数同事来说，没有网络很多工作都没法开展。于是信息部的小王重启了路由器，重启后，网能连上了，但过几天又会出现同样的问题，小王还是按照相同的方法处理——重启路由器。

网销部的同事受不了了，因为他们的工作是离不开网络的。网销部的李经理联系了宽带客服，随后工作人员到公司对宽带进行了测速，并重设了路由器，网速一下子就变快了，也没有再断网了。

本例中，网络故障的问题已经出现了，但小王并没有重视这个问题给公司带来的影响，也没有想过其实自己是可以彻底解决这个问题的，仅仅是遇到断网就重启路由器，这并不能从根本上解决这个问题。

在绩效管理中，员工和管理者对绩效问题的认识可能并不一致。有时尽管管理者已经告诉员工哪些地方需要改进，但员工并不一定能认识到这是个问题，产生这种偏差的原因如下。

◆ 工作经验上的差异。

◆ 个人认知上的差异。

◆ 所处位置的差异。

为避免这种偏差，管理者要与员工分析问题实质以及可能造成的影响。另外，可通过前面的绩效沟通记录表来查看是否认识一致。

3.2.8 跟踪和检验辅导结果

我在做培训时曾经有过这样的经历，讲完一个问题后，我问学员："大家都懂了吗？"他们异口同声地说："都懂了。"

一堂课结束了，在我准备离开时，一个学员找到了我："老师，这个问题我不是很懂，你能再给我说说吗？"我想，当时我的脸色肯定不好看，因为这个问题我在课堂上已经讲过了，并且还问过他们有没有懂。

我问道："当时你为什么没有提出来？"，这名学员回答道："大家都说听懂了，我就不好意思问了。"

通过这个事件我认识到，说听懂了，有可能并不是真懂；说会做了，有可能并不是真会。在绩效辅导中，这种情况更常见，员工在接受辅导时，看似掌握了解决办法，实际上并没有掌握，等到真正动手实践时，结果天差地别。

在脾气不好、耐心不佳或较强势的管理者面前，员工常常不愿暴露自己的弱点，而作出肯定的回答。这容易给管理者造成一种假象：员工已经明白了，无需再多说了。

另一种情况是，员工确实已经明白了，但执行力不够，拖拖拉拉，再次检查员工工作绩效时发现其并没有主动改进，这种情形在有拖延症的员工身上尤为常见。

还有一种情况是，员工掌握了解决办法，但面临的情况已经发生了变化，先前的方法已不实用。

不管是哪种情况，都体现了跟踪和检查辅导效果的重要性，跟踪和检查辅导效果有多种方法。

◆ 阶段性地进行检查，如每周或每月了解员工的工作成果。
◆ 不定时地随机观察，如平时到员工办公区域看看其工作方法、工作状态等。
◆ 员工向上级汇报的方法，如可以规定员工在接受辅导一周或一个月后，提交问题解决情况说明书。说明书的内容可包括辅导主管、辅导对象、典型事件和采用的解决方法等。

在跟踪和检查的过程中，如果发现员工做得不错，不妨夸一夸他：

"进步很快，继续努力。"如果存在问题，便采取一些针对性的措施或做进一步的指导。

在绩效辅导中，我们要做一个有责任心的管理者，要明白绩效辅导做得好，员工能力提高了，自己工作起来也会更轻松。

3.3 为评估下属绩效水平做准备

在绩效辅导阶段，有一项重要的工作是收集员工绩效信息。准确、及时的绩效信息对绩效考核、评估和改进都有重要的意义。

3.3.1 信息的收集和记录

收集绩效信息的作用想必大家都很清楚了，这里就不再赘述了，我们来看看信息收集的主要方法。

（1）书面报告

在日常工作中，上级常常会要求下级以书面报告的形式报告工作的进展情况，因此书面报告可以作为绩效信息的来源之一。书面报告有定期报告，也有不定期报告，如工作日志、周报、月报和季报就是定期报告，不定期报告常常是上级就某一事件、项目或问题要求下级准备的专项报告。书面报告的优点表现在以下几个方面。

◆ 可在短时间内收集到大量信息。
◆ 书面报告由下级亲笔书写，能为绩效评估提供书面依据。

◆ 书面报告能促进员工思考和总结。

书面报告有优点，但也有缺点，其缺点表现在以下几方面。

◆ 主要是下级向上级传递信息，缺乏双向沟通。

◆ 报告内容依赖于员工的自我检视，出于自我保护的意识，容易报喜不报忧。

◆ 单凭报告内容很难做出全面判断。

◆ 报告容易流于形式。

书面报告的优缺点都比较明显，实践中可采用以下方法弥补书面报告的缺点。

◆ 从其他渠道获得补充信息。

◆ 将书面报告与其他方法结合起来，如面谈、定期抽查。

（2）工作记录

工作记录法是指通过记录的方式将工作表现、结果和关键事件记录下来，形成类似档案的文件。如根据实际销售数量和服务质量等指标数据填写原始记录单，并定期汇总获得统计数据，这就是工作记录法。

对于下级出现特别突出或异常事件的情况，可用关键事件记录表进行记录，如表 3-4 所示。

表 3-4　关键事件记录表

姓名		部门		时间	
关键正向事件：					
关键负向事件：					

若管理者要了解员工日常工作事项的进展情况，也可以用工作记录表进行记录，如表3-5所示。

表3-5　工作记录表

序号	日期	时间	工作事项	进展情况
1				
2				
3				
4				
5				
6				
7				

（3）定期抽查

很多信息都是员工自己记录的，管理者通常没有太多的精力亲自去收集和记录所有的信息。为了保证信息记录的真实性，可对记录的信息进行抽查。

（4）相关人员提供

管理者除了可以通过跟踪观察下属的工作进展来收集和记录信息外，还可以让相关人员提供信息。如部门经理下可能还有多个项目主管，经理可能不太了解各项目组员工的工作状况，但项目主管一定了解，这时就可以让项目主管提供信息。必要时，还可以将信息提供的范围扩大，如让部门其他同事提供信息。

知识加油站

我们不可能将所有的绩效表现都记录下来，收集和记录时要以绩效为核心，应注意收集能反映绩效好或差的事实依据，对于那些对绩效管理没有必要的信息，不用去收集。

3.3.2 绩效信息收集的注意事项

收集和记录信息是一项耗时、费力的工作，我发现，有的管理者为了图方便，会犯以下错误。

周经理要收集下属的绩效信息，于是他将几个项目的负责人叫到了办公室，挨个地问，"你们团队的工作进展得怎么样了""成员的目标是不是都完成了"。

试想作为一个项目的主管，在其他主管面前怎么会说自己团队的坏话，又有谁会承认自己工作不力。即使单独和上级在一起时也未必会说真话，更何况身边还有其他人在场。

主管的隐瞒会导致收集到的信息与实际不符，这对绩效考评是不利的，制约提供虚假信息行为的好办法就是前面提到的抽查法。除此之外，加强对下属工作的了解，做到对下属的工作心中有数，使下属不敢提供虚假信息。

另外，管理者也要怀着严谨、公正的态度去收集、抽查和评判这些信息，这样才能保证信息的真实性和有效性。

有的管理者比较极端，为了避免员工提供不实的信息，就杜绝员工参与信息收集，这种做法是错误的。虽然员工可能会提供一些不实的信息，但毕竟只是极少数，作为管理者，应该完全有能力核查信息的真实性，除非你是不称职的主管。

绩效信息收集和记录是管理者和员工共同的责任，让员工参与还具有以下好处。

◆ 员工能了解自身工作进展情况，可以及时对工作进行调整，有利于绩效目标的实现。

◆ 依据员工收集来的信息与员工进行沟通辅导时，他们更能接受和认可。

知识加油站

我们应该记录那些能反映绩效信息的事实，而不应记录对事实的推测。如员工近期经常迟到，这就是事实，根据这个事实推测员工工作效率低，是不可靠的，在记录时只能记录迟到的事实，而不能记录工作效率低这一推测。因为员工经常迟到可能并不影响其工作效率。

CHAPTER

04

对员工进行评价的考核实施

实践证明，有一部分企业的绩效考核效果并不理想，甚至有的员工将绩效考核视为了变相扣工资的工具。如何将绩效考核真正运用到企业管理中，是许多企业面临的难题，接下来我们就一起来解决这个难题。

绩效考核实施前的准备

　　绩效考核就像一把剑，这把剑可能会激化矛盾，也可能会促进企业效益的提高。至于这把剑究竟是尚方宝剑，还是蛊毒之剑，就要看实施者如何御剑了。那么要如何御好剑呢？这要求绩效考核的实施者、设计者首先做好准备工作。

4.1.1 员工绩效考核的实施流程

　　一次完整的绩效考核，一般会经历以下几个阶段。

◆ **开始**：确立绩效考核方案，设计考评工具。

◆ **启动**：发出绩效考核通知，进行绩效培训。

◆ **信息收集**：收集和记录绩效信息。

◆ **考核评价**：进行考评打分，公布考核结果。

◆ **绩效反馈和面谈**：对员工进行绩效沟通。

◆ **结果申诉**：处理员工对绩效结果的异议和投诉。

◆ **绩效改进**：对考核结果进行分析，确定改进方案。

◆ **绩效结果运用**：将考核结果运用到晋升、淘汰和奖励中。

　　上述只是一个大致的流程，每个公司在具体实施时会有所差别。下面来看看某公司绩效考核实施的流程图，以帮助我们更好地理解绩效考核的实施过程，如图 4-1 所示。

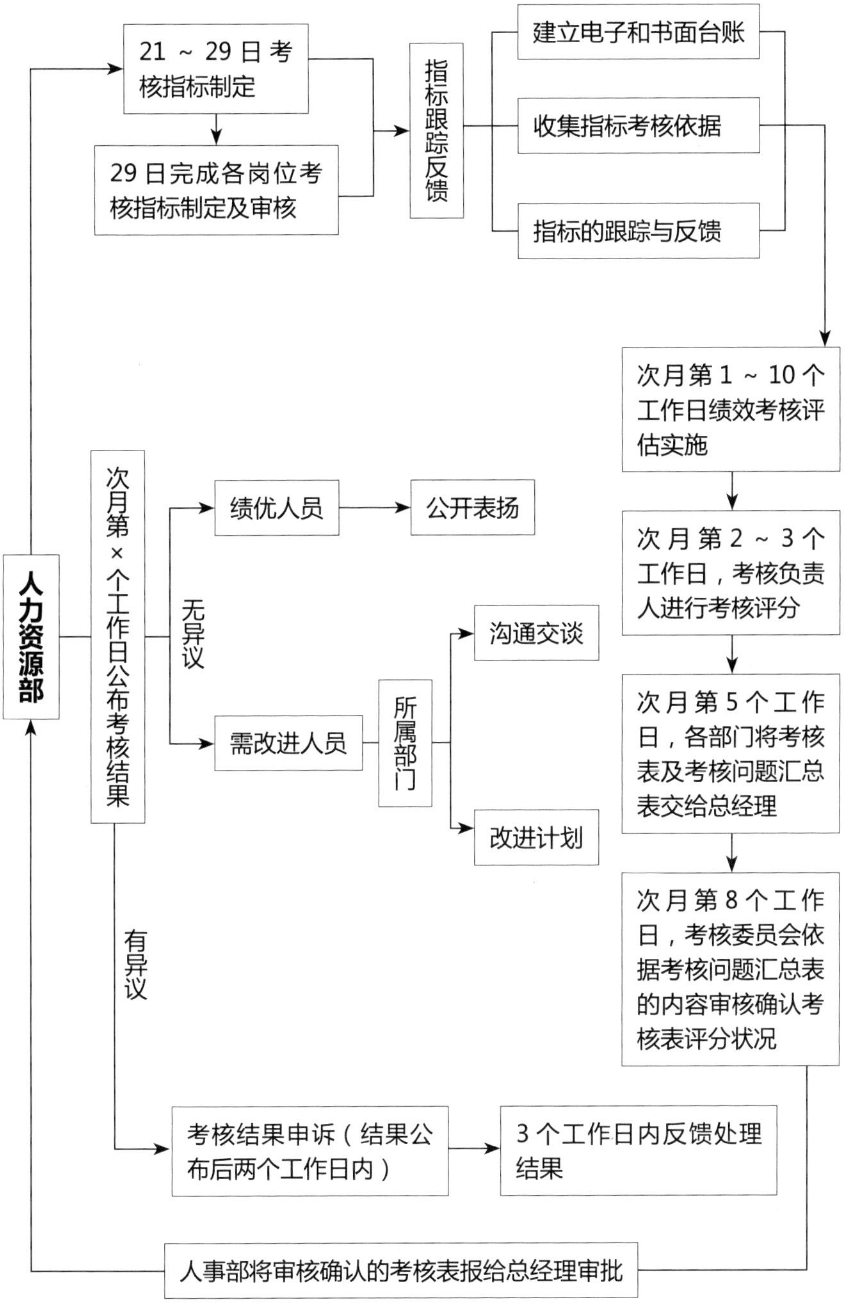
21 ~ 29 日考核指标制定
29 日完成各岗位考核指标制定及审核
指标跟踪反馈
建立电子和书面台账
收集指标考核依据
指标的跟踪与反馈
次月第 1 ~ 10 个工作日绩效考核评估实施
次月第 2 ~ 3 个工作日，考核负责人进行考核评分
次月第 5 个工作日，各部门将考核表及考核问题汇总表交给总经理
次月第 8 个工作日，考核委员会依据考核问题汇总表的内容审核确认考核表评分状况
人力资源部
次月第 × 个工作日公布考核结果
无异议
绩优人员
公开表扬
需改进人员
所属部门
沟通交谈
改进计划
有异议
考核结果申诉（结果公布后两个工作日内）
3 个工作日内反馈处理结果
人事部将审核确认的考核表报给总经理审批

图 4-1

4.1.2 了解不同岗位的职责

老板让绩效经理对员工进行绩效培训，绩效经理说这应该由部门主管负责，老板找到部门主管，部门主管说这不是他的工作职责，模糊的职责会导致各部门互相推诿。

在绩效考核中，每个人都扮演着举足轻重的角色，不同的角色在绩效考核中的职责是不同的。

（1）绩效考核委员会/领导层

大型的企业通常会设立绩效考核委员会，由绩效考核委员会来负责绩效管理的实施，而中小型企业通常由领导层（如老板、总裁或各部门最高管理者）来进行最终决策，由人力资源部来负责考核启动和实施。如下所示为某公司薪酬与考核委员会的工作细则部分内容，大中小型企业都可以借鉴其中的职责内容。

1.1 总则

1.1.1 为进一步建立××××有限公司（以下简称"公司"）董事（非独立董事）及高级管理人员（以下简称部长人员）的考核和薪酬管理制度，完善公司治理结构，根据《中华人民共和国公司法》《上市公司治理准则》《××××有限公司章程》（以下简称"公司章程"）及其他有关规定，公司特设立董事会薪酬与考核委员会，并制定本工作细则。

……

1.2 人员组成

……

1.3 职责权限

1.3.1 薪酬与考核委员会的主要职责权限：

（一）根据董事及高级管理人员管理岗位的主要范围、职责、重要性以及其他相关公司相关岗位的薪酬水平制定薪酬计划或方案；

（二）薪酬计划或方案主要包括但不限于绩效评价标准、程序及主要评价体系，奖励和惩罚的主要方案和制度等；

（三）审查公司董事（非独立董事）及高级管理人员的履行职责情况并对其进行年度绩效考评；

（四）负责对公司薪酬制度执行情况进行监督；

（五）董事会授权的其他事宜。

1.3.2 董事会有权否决损害股东利益的薪酬计划或方案；

1.3.3 薪酬与考核委员会提出的公司董事的薪酬计划，须报经董事会同意后，提交股东大会审议通过后方可实施；公司部长人员的薪酬分配方案须报董事会批准；

1.3.4 公司人力资源部负责做好薪酬与考核委员会决策的前期准备工作，提供公司有关方面的资料：

（一）提供公司主要财务指标和经营目标完成情况；

（二）公司高级管理人员分管工作范围及主要职责情况；

（三）提供董事及高级管理人员岗位工作业绩考评系统中涉及指标的完成情况；

（四）提供董事及高级管理人员的业务创新能力和创利能力的经营绩效情况；

（五）提供按公司业绩拟订公司薪酬分配规划和分配方式的有关测算依据。

1.3.5 薪酬与考核委员会对董事和高级管理人员考评程序：

（一）公司董事和高级管理人员向董事会薪酬与考核委员会作述职和自我评价；

（二）薪酬与考核委员会按绩效评价标准和程序，对董事及高级管理人员进行绩效评价；

（三）根据岗位绩效评价结果及薪酬分配政策提出董事及高级管理人员的报酬数额和奖励方式，表决通过后，报公司董事会。

1.4 议事规则

……

1.5 附则

……

（2）人力资源部 / 绩效经理

人力资源部 / 绩效经理要负责绩效考核日常工作的管理，主要的职责要求如下所示。

①设计和修改绩效考核方案，完善绩效考核流程。

②负责绩效考核工作的执行和监督，对绩效考核的各个环节进行指导监控。

③对各部门绩效考核工作提供技术指导，向员工解释各种相关制度性问题，组织实施绩效评价面谈。

④对考核结果作出分析和评价，负责考核结果的实战运用。

⑤处理绩效考核申述，接受员工的建议。

（3）绩效专员

绩效专员所属人力资源部，主要负责绩效考核的推进和实施，主要职责如下所示。

①协助绩效考核体系的建设和完善，规范绩效管理各项流程。

②搜集绩效考核所需的数据，发放绩效考核表。

③协助各部门实施绩效考核，及时汇报绩效考核工作进展情况。

④汇总、统计、归档绩效考核数据，建立员工绩效考核档案。

⑤负责绩效考核结果的纵向传递及员工意见收集。

⑥协助绩效经理处理被考核者的投诉、复议申请及相关后续工作。

（4）各部门考核主管

各部门考核主管是绩效考核方案的执行者，要对本部门的绩效考核负责，主要职责如下所示。

①负责部门绩效目标的制定、实施与自评。

②负责考核内容、员工个人目标的审定。

③对下属人员进行绩效评价，提供持续的绩效沟通。

④根据考核结果组织绩效反馈面谈，协助进行绩效改进。

⑤向人力资源部反馈下属提出的绩效管理建议。

（5）被考核人员

被考核人员是绩效考核的落实者，其主要职责如下所示。

①充分认识绩效管理体系。

②与上级沟通确定绩效计划，按要求完成绩效目标。

③积极与上级进行绩效沟通，参与绩效培训和面谈。

④进行绩效自评和总结，提出改进计划。

4.1.3 如何选择合适的考核模式

不管前期的绩效考核沟通做得有多好，员工如果得不到一个心服口服的评价，势必会影响下一阶段绩效考核的实施。合理评价员工需要绩效考核模式来帮忙，绩效考核模式有多种，这里我简单介绍较常用的几种。

◆ 目标管理法

目标管理法（Management By Objective，MBO）是通过将组织目标分解到个人目标，再根据被考核人完成目标的情况来进行考核的一种模式。那些偏向以结果为导向的企业就常常采用目标管理法。

目标管理法不是用目标来控制员工，而是以目标来激励员工。其优点在于能直接反映员工的工作内容，结果易于观测，同时适合于进行绩效反馈和辅导。

◆ 关键绩效指标法

关键绩效指标法（Key Performance Indicator，KPI）是通过对工作绩效特征进行分析，找到能决定企业战略成败的关键指标，以此为基础来进行绩效考核的模式。

关键绩效指标法符合一个重要的管理理论，即"二八原理"。二八原理是指在一个企业中，80%的价值是由20%的骨干成员创造的，该原理放在每一个员工身上同样适用，即80%的工作任务是由20%的关键行为完成的。"二八原理"指明了绩效考核的方向,即绩效考核要围绕关键绩效指标展开。当然,这里的"关键"不是指越少越好,而是要抓住那些亟需改进的指标。

◆ 360 度考核法

360 度考核法又称为全方位考核法,从其命名方式就可以看出其的特点,即评价维度多元化,适合对工作年限较长的员工或中层以上的人员进行考核。

360 度考核法由被考核者自己、上级、同事、下级和客户等不同主体来担任考核者,通过这些主体来了解其工作绩效和长短处,从而提高自己。如果员工想知道他人是如何评价自己的,想了解他人的评价和自我感觉是否一致,就可以进行一次 360 度考核。

360 度考核主要目的是助力于员工的发展,而不是对员工进行行政管理。而当 360 度考核的主要目的是助力于员工发展时,评价者做出的评价会更客观和公正,被评价者也更愿意接受考核结果。

◆ 平衡计分卡

平衡计分卡(Balanced Score Card,BSC)是一种新型的绩效考核方法,其从财务、客户、内部运营、学习与成长 4 个方面来衡量绩效。

过去进行绩效考核,较偏重于财务指标,而平衡计分卡使指标更"平衡",具体体现在以下几个方面。

①财务指标和非财务指标的平衡。

②企业的长期目标和短期目标的平衡。

③结果性指标与动因性指标之间的平衡。

④企业组织内部群体与外部群体的平衡。

⑤领先指标与滞后指标之间的平衡。

◆ 关键事件考核法

关键事件考核法（Critical Incident Method，CIM）是指通过记录员工日常工作中的关键事件，以此为基础来进行绩效考核的一种模式。这里的关键事件是指工作中最好或最差的事件。关键事件考核法以事实为依据，它能很好地评估优秀和劣等。

4.1.4 不同人群应量体裁衣

"同样一只鞋，并不是所有的人穿了都会合脚"，在选择绩效考核模式时，也要明白这一点。这个绩效考核方法可能适合于高层人员，但对基层员工可能并不适合，这跟穿鞋子是一样的道理，一个人感觉合脚的鞋却可能夹痛另一个人的脚。

面对不同的绩效考核方法，可以根据企业发展阶段和不同人群的特性来选择和组合，如图 4-2 所示为根据企业不同发展阶段推荐的考核模式。

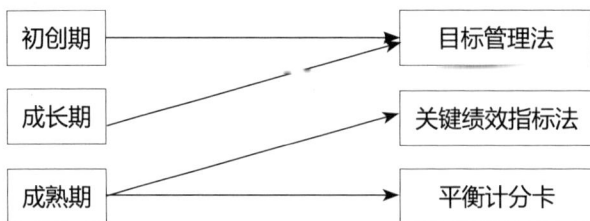

图 4-2

🔲 **知识加油站**

360 度考核法可作为关键绩效指标法的辅助工具，主要用于评选优秀员工时使用。关键事件考核法一般不单独使用，主要用作辅助工具。

不同的人群，选择的考核模式也会有所不同，如图 4-3 所示为常见人群推荐的考核模式。

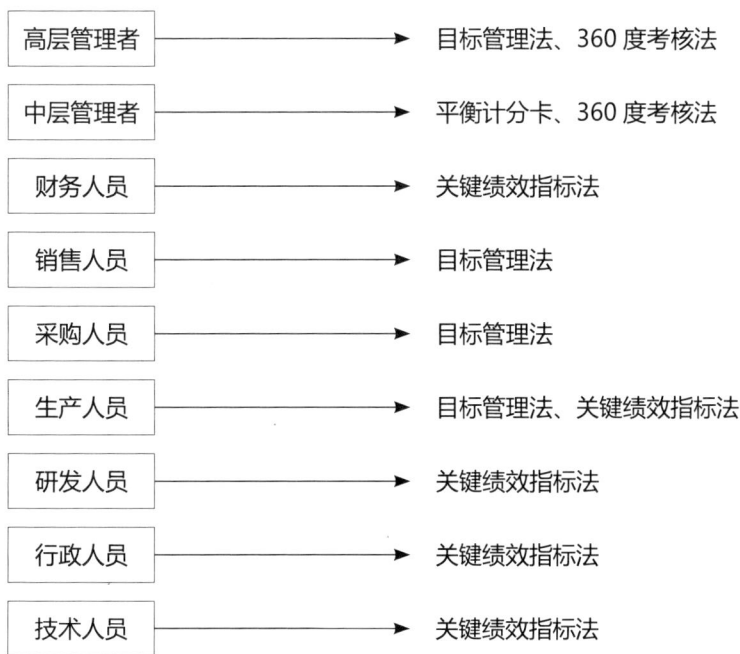

高层管理者	→	目标管理法、360 度考核法
中层管理者	→	平衡计分卡、360 度考核法
财务人员	→	关键绩效指标法
销售人员	→	目标管理法
采购人员	→	目标管理法
生产人员	→	目标管理法、关键绩效指标法
研发人员	→	关键绩效指标法
行政人员	→	关键绩效指标法
技术人员	→	关键绩效指标法

图 4-3

考核模式不是一成不变的，无论采用何种考核模式，只要能实现绩效目标，促进员工能力提升，就是适合的。

4.1.5 绩效考核周期的确定

我在做培训时曾问我的学员："你们认为多长时间对员工进行一次绩效考核才是合适的？"最普遍的回答是一年和半年。这两个周期看起来是比较合理的，但如果我告诉你绩效考核的周期不一定是这两个，你可能会用不相信的眼神看着我。

　　我现在要告诉大家的是，绩效考核周期可分为月度、季度、半年度和年度。不同职位根据其工作内容，考核周期会不同。另外，根据企业行业的不同，还可能出现按周考核、按项目结点考核的特殊情形。如表 4-1 所示为不同考核周期对应的岗位。

表 4-1　不同考核周期对应的职位

考核周期	职位	原因
年度考核	高层管理者	高层管理者要对公司的总体战略目标负责，而企业的战略目标一般不会在较短时间内就得以实现，因此高层管理者的考核周期可为一年
	全体员工	对所有员工来说，一年是来年的开始和旧年的结束，对企业来说，年度要进行一次相对综合、相对全面的考核，因此大多数企业的绩效考核都以年为单位。但年度考核也存在一定的问题，如工作量会累计到最后一个月，所以年度考核通常要配合月度和季度考核
半年度考核	中层管理者	中层管理者要对企业整体的经营目标负责，大多数指标要在中长期才能考量，因此中层管理者适合于半年度考核。半年度考核也存在一定的问题，主要是周期相对较长，不利于监控被考核者的日常行为
季度考核	基层管理者或基层员工	基层管理者和基层员工工作量化的成本较高，以季度作为考核周期能避免月度考核工作量大的问题。但营销类、业务类基层岗位不太适合季度考核，因为周期较长，不利于响应市场，此类基层员工更适合月度考核
月度考核	基层员工	对基层员工来说，以月作为考核周期能调动积极性，促进业绩提升，另外也能及时纠偏，促进员工能力的提升。但月度考核会加重部门主管和人力资源部的工作量，对企业短期现金流要求相对较高，因为每月都会涉及绩效工资的发放

📖知识加油站

对生产操作类岗位而言，可以按周甚至是按天进行考核，因为一批次产品的生产可能只要一周或几天就能完成。对于研发类或技术类岗位而言，可以按项目进行考核，因为此类岗位一般是项目制的业务模式，不同项目使用的周期会不同，不一定能按月或按季完成项目，因此以项目为周期进行考核较好。

是否要按岗位选择不同的周期进行考核根据企业实际情况而定，因为选择不同考核周期会增加企业的管理成本，企业若想控制管理成本，也可以统一一个考核周期。对中小型企业来说，由于部门层级不同，可以采取统一考核周期的模式，而对于大型企业，建议采用不同周期的考核模式。在确定考核周期时，可以根据以下几个因素来考虑。

职位性质。一般来说，比较容易进行工作绩效考核的职位，考核周期相对要短一些。

指标性质。一般来说，性质稳定的指标，考核周期相对要长一些。反之，就要短一些。

标准性质。在确定考核周期时，还要考虑实现绩效标准的难易程度，考核周期应保证通过努力后能实现这些标准。

4.2
正式启动绩效考核方案

绩效考核已经启动有一段时间了，有一天部门经理让下属进行考核自评，下属表现得很惊讶："啊？什么时候开始考核的，我怎么不知道。"这很显然就是绩效考核启动通知不到位。

看到考核表中的绩效指标，下属疑惑了："咦？怎么和去年的不一样。"这表明新的绩效考核方案没有宣传到位。这里提醒大家，在实施绩效考核前，一定要让员工充分了解考核的内容，这样才能上下齐心协力，最终获得好的成果。

4.2.1 向员工告知绩效考核通知

在农业生产活动中，农民在播种之前，都要先松土，让土壤土质松软，保持良好的透气性，接着才会进行播种和田间管理。

农业活动中的这种农事规律就好比绩效考核的流程，松土就是传播绩效考核理念，播种就是进行考核，田间管理就是绩效反馈和辅导。

"松土"的其中一个做法就是发出绩效考核启动通知，绩效考核通知的内容一般会说明以下几点。

◆ 本年度绩效考核工作全面启动。
◆ 绩效考核的目标、原则和理念。
◆ 考核工作的负责人及职责。
◆ 考核的对象有哪些，考核的方法是什么。
◆ 本年度考核与去年相比有哪些完善和新的变化。
◆ 考核的有效时间，评定结果的应用。

如下所示为某公司绩效考核通知的内容，可以参考借鉴。

关于公司全面实施绩效考核的通知

为了能公平、公正的评价员工个人的工作业绩，更好地履行岗位职责，提高各部门员工的工作质量、工作效率和积极性，公司制订了绩效考核制度，现将绩效考核的有关规定通知如下：

一、开始实行时间：

201× 年 7 月 1 日；

二、参与考核人员：行政后勤、技术研发、采购人员、生产主管、品质管理、销售后台人员、财务等管理人员。销售业务人员及一线生产员工另行规定；

三、考核形式：被考核人不打分，由直接上级打分；

四、考核流程：

```
每月 3 日前被考核人填写《201× 年第 7 月度工作计划 / 考核表》。
```
⇩
```
直接上级根据员工当月工作情况评分。
```
⇩
```
部门文员统一汇总给财经管理部。
```
⇩
```
行政运营中心汇总计算绩效奖金，报财务部计发当月工资。
```

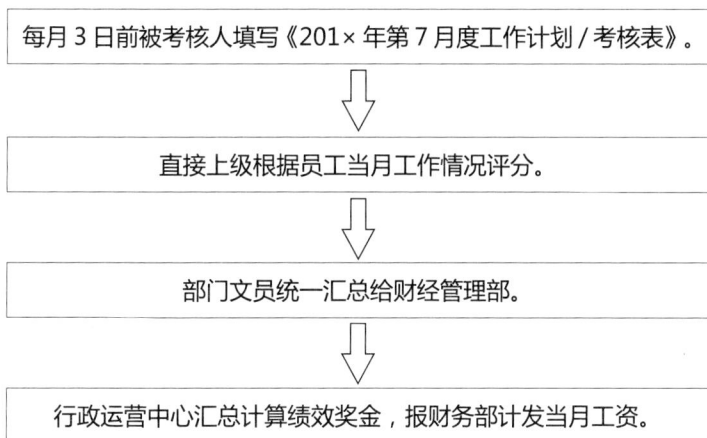

五、绩效考核工资系数：月薪人员考核基数 = 固定薪资 ×20%

综合考评分	星级	评价	考核工资	考核结果
小于 60 分	C 级	不合格	0	劝诫离职
80 分 > x ≥ 60 分	B 级	合格	考核基数 × 考评分数	黄牌警告、降级
95 分 > x ≥ 80 分	A 级	优良	考核基数 × 考评分数	后备培养
x ≥ 95 分	S 级	优秀	考核基数 ×100%	奖励、晋升

管理人员考核为 S 级的在年终作为优秀人员给予奖励，作为年度晋升提薪依据；A 级人员作为公司后备领导岗位人员培养；B 级人员为

及格，给予黄牌警告，降级降薪，给予一定的考察期；C 级直接淘汰，劝诚离职。

六、考评人须知：考评人在考评时应做到客观公正，以免危害公司或受评人的正当权益。考评期以外的工作表现，无论好坏，均不应作为考评依据。

特此通知

附件：《月度工作计划／考核表》

×××× 有限公司

201× 年 7 月 1 日

4.2.2 绩效考核启动会议

对任何企业来说，绩效考核都不是小事，通过绩效考核启动会可以更好地统一思想，让参会人员认识到绩效考核的意义。一般来说绩效考核启动会的参与者不会是全体员工，但如果公司员工本就不多，那么也可以让全体员工参与。通常情况下，绩效考核启动会由以下参与者组成。

- ◆ **会议的组织人**：通常为人力资源部。
- ◆ **会议主持人**：可以是副总经理、人力资源部总监或绩效经理。
- ◆ **会议动员发言人**：一般为高层领导者，如董事长、总经理或人力资源部总监。
- ◆ **会议记录人**：绩效专员。
- ◆ **会议参与人**：绩效考核领导小组、工作小组和员工代表。

在召开绩效考核启动会前，人力资源部需要向参会人员发出会议通知或邀请函，以便参会人员提前做好准备。会议通知一般要写明会议时间、地点和会议内容等，如下所示为绩效考核会议通知模板。

20××年度绩效考核会议通知

为了有效推动公司绩效考核工作，公司决定于20××年×月×日上午10:00召开绩效考核启动会，现将有关事宜通知如下：

一、会议时间：20××年×月×日上午10:00

二、会议地点：××会议室

三、参会人员：人力总监××、财务部经理××……和员工代表××、××。

××公司人力资源部

20××年×月×日

4.2.3 收集员工绩效考核数据

绩效考核"开工会"结束了，那么接下来的工作就是做好绩效信息数据的收集和记录。实践中，有的管理者并不愿意花时间来收集记录，他们充分相信自己的记忆力，这样做的后果是什么呢？给大家讲述一个案例。

一家建材公司今年的绩效考核正在紧锣密鼓地进行着，该公司绩效考核的指标主要包括工作业绩、工作能力和工作态度3个方面。年底了，人力资源需要汇总绩效考核表，于是通知各部门经理填写考核表，并上交人力资源部。

但是市场部主管在填写考核表时却犯了难，他发现表格中有些内容自己无从填写，比如工作态度方面的考核指标。由于平时并没有记录员工工作表现的习惯，到了年底评估时，该主管对员工工作的表现只有最近一两个月的印象，前面几个月的记忆已经很模糊了。

为了交差，该主管凭自己的主观印象为员工打了分。

通过这个案例，你们应该已经能猜到平时不做好记录带来的后果了吧。凭记忆力对员工进行评估，这样填写的考核表，无法真实反映员工的实际工作情况，考评结果也不能作为核算绩效工资和人事决策的依据。

日常工作中，对员工实施必要的绩效收集和记录，在考评时才能有据可依，与员工进行绩效沟通时才能有理有据，底气十足。必要的收集和记录还能帮助掌握突出绩效优劣的关键事件，有助于对症下药地改进绩效。对关键事件进行记录时，记录的内容一般包括以下内容。

◆ 该事件发生时的环境和状况。

◆ 该事件中员工的行为表现。

◆ 该事件导致的后果以及员工对该后果的控制程度。

绩效考核数据信息的来源主要包括被考核者本人和其他相关人员，被考核者本身是最有发言权的，这点毋庸置疑，而其他相关人员主要指以下人员。

被考核者的上级。 直接上级对员工各方面的能力和发生的事件都比较了解，他们反映的信息通常都是可信的。

被考核者的同事。 同事之间经常打交道，同事对员工本人的表现一般也较了解。

被考核者的下属。 被考核者如果有下属，那么下属也可以提供一定的信息。

被考核者的客户。 客户与员工本人在业务上接触较多，因此客户也可以成为绩效信息的提供者。

知识加油站

绩效信息的收集和记录要有的放矢，记录的内容主要有员工的工作情况（如工作目标、计划完成情况等）和考核者观察到信息（如受到的表扬或批评，业绩突出或不佳的情况）。

4.2.4 绩效考核误差规避

据我观察，许多企业都存在员工业绩优劣判定失真的现象，比如下面这个公司。

一家化妆品公司，他们的绩效考核结果是用分数来确定的，最终转换为 A、B、C、D4 个等级，以分管领导最终评定为准。各个等级对应分数及基本标准如下。

A 级：超额完成当月工作任务，综合表现突出，工作成绩优异；

B 级：全面完成当月工作任务，综合表现良好，工作成绩良好；

C 级：基本完成当月工作任务，综合表现合格，工作成绩一般，偶有工作失误；

D 级：未完成当月工作任务，综合表现一般，工作成绩较差或有重大工作失误。

最终考核分数	等级
98 分以上	A 级
86 ~ 97 分	B 级
60 ~ 85 分	C 级
60 分以下	D 级

　　小李是被考核者之一,在这次绩效考核自评中,他为自己打了90分,而部门经理却只给了70分,理由是小李做事粗心大意。小李承认自己有时确实比较马虎,但对待工作是认真负责的,也并没有出现什么重大差错,因此认为自己可以被评为B级。为此小李和部门经理理论了起来。

　　小李和经理争执的原因主要在于双方对考核标准认识的不同,小李认为自己已经做得很好了,而经理对小李的粗心大意印象深刻,因此认为小李表现不佳,类似于这样的案例还有很多。

　　现实中的绩效考核更为复杂,如何将考核误差降低到最小的范围就是我们要解决的问题,要解决一个问题,我们要先分析这个问题产生的原因。绩效考核误差现象主要有以下几种。

　　◆　趋中现象

　　趋中现象是指大家的考核结果都相近,即所有员工的绩效分值集中在某一分数段。趋中现象是最突出的问题,直接后果一般是考核流于形式。趋中现象主要是由管理者的平均主义心理和"大锅饭"情节造成的。

　　◆　分布误差

　　理论上来讲,一个企业中,绩效中等的员工应占多数,绩效最好和最差的员工应占少数。分布误差与之相反,即绩效最好或最差的员工占多数。

　　员工在考核指标上避重就轻、较容易完成的指标权重过大以及指标未量化,基本上采用定性指标都会造成分布误差。

　　◆　近因和首因误差

　　一个部门有两个员工,员工甲工作认真、勤恳,员工乙则有点偷奸要滑。在考核评价的前一个月，员工甲在报告中弄错了一个数据，而员工乙恰巧完成了一项工作成果，于是你给员工甲较低的绩效评分，给了员工乙较高的绩效评分。以下属最近的绩效信息，对其考核期内的全部表现作出的总评价，这就是近因误差。

首因误差与近因误差相反，即以下属最初的绩效信息对其考核期内的全部表现作出总评价。

◆ 晕轮误差

员工甲在写作能力方面很优秀，你就认为他样样优秀，于是给予了高绩效评分。员工乙某天上班迟到了，你就认为他工作态度不端正，给予了低绩效评分。在考核中只看到了员工某一方面或较突出的特征，这就是晕轮误差。

◆ 偏见误差

在企业里，你与员工甲兴趣相投，比较聊得来，而员工乙与你性格有很大的差异，平时除了工作上的交流，几乎说不上几句话，于是你对员工甲评价很高，对员工乙评价很低，这就是偏见误差。

当对某人有了偏见后，我们常常会忽视他人的优秀表现，而对于与自己相似的人，即使有某些不足也会自动过滤，这种偏见会影响对员工的绩效评价。

总的来说，可以将考核误差分为客观误差和主观误差，客观误差是由考核标准不明确、不清楚造成的，这里提供两点解决方法。

指标定量准确。设计绩效考核指标时能量化的尽量量化，不能量化的细化，确保考核标准准确、直观。

指标先进合理。考核标准要反映企业的真实情况，且应当有一定的超前性。简单来讲，就是要保证 80% 左右员工通过努力能达到标准要求。

主观误差是由考核者的管理水平、知识水平不足造成的，可根据前述几种误差找到症结所在，然后"对症下药"，下面提供以下几点解决方法。

①加强绩效管理培训，提高考核者管理水平，转变其观念。

②做好日常绩效信息的收集和记录，掌握更全面、真实的数据资料，避免以偏概全，确保考核评分有据可查。

③制定详细、具体、明确的考核标准，严格按照考核标准进行考核，避免以偏见待人。

4.3
绩效考核实施结果的评价

曾经有一个学员向我求助，他告诉我，他发现公司的绩效评价过程进行得很困难。对于绩效评价的结果，员工持有怀疑态度，认为评分不能反映自己的实际工作成果。竟然还有管理者怕影响与员工的关系，将考核表给员工让其自己打分。

我告诉该学员，员工不认可评价的结果可能是评价机制不合理，而针对喜欢做"老好人"的管理者，要提高其考核意愿，让其重视考核。

4.3.1 相对和绝对评价机制

相对评价法和绝对评价法是考核评价的两种方法，相对评价法是指在被考核者之间进行互相评价，绝对评价法是指根据一个客观标准对被考核者进行评价。这种两种方式都有缺点。

相对评价法缺点——获得的信息可能不准确

根据学生的成绩优异程度，不少学校会将班级分为：尖子班、普通班和慢班。尖子班的学生大都是我们说的"学霸"，而慢班的学生大多是"学渣"。

慢班的某一同学经常考全班第一，在他们班他是"鸡头"，但这名同学也有可能考不上大学。虽然与同班同学相比，该同学确实比较优秀，但与尖子班相比，该同学就是"凤尾"。这里，与同班同学互相比较就是相对评价法。

绝对评价法缺点——标准不合理将导致好坏都一样

月考时，老师出的题都比较简单，经常考最后一名的同学也考了90分，该同学将试卷带回家给父母看，父母很高兴地夸奖了他，还给予了奖励，但该父母不知道的是，90分的成绩也是全班最差的。由于考题简单，因此全班同学都得高分，这就是绝对评价法可能存在的问题。

将相对评价法和绝对评价法细分，可分为多种评价方法。

（1）相对评价法

相对评价法可分为排序法、配比评价法和硬性分布法等。

◆ 排序法

排序法是指将所有员工的绩效按一定的顺序排列，如一个部门中，绩效最好的员工排在前面，绩效最差的排在后面。

使用排序法，首先要挑出最好和最差的员工，可用绩效排序表进行排序，如表4-2所示。

表 4-2　　＿＿＿部门＿＿＿年绩效排序表

排序	姓名	入职时间	职位	评价等级	说明
1					
2					
3					
4					
5					

备注：
1. 各部门负责人根据员工本年的工作业绩及上级评价对其进行绩效排序，排序从优到差；
2. 绩效排序将作为下一年晋升、加薪的重要参考。

用排序法对绩效进行评价可针对某一要素进行排序，也可以针对总绩效水平进行排序。这种方法的缺点是，当绩效水平相差不大时难以进行排序。

◆ 配比评价法

配比评价法是排序法的一种演变，是将每个员工的评价要素或业绩与其他员工相比。对于人数多的企业来说，配比评价法的工作量会很大，因此不建议使用。

一般来说，生产部和营销部比较适合用配比评价法。将不同员工进行对比后，获得有利对比结果最多的员工，将排在最前面。

◆ 硬性分布法

前面介绍考核误差时，介绍过趋中现象和分布误差，硬性分布法可以克服这两种误差，为什么这么说呢？硬性分布法是指将员工按一定比例分布到不同等级中，如表 4-3 所示为某硬性分布法示例。

表 4-3　硬性分布法示例

评价等级	权重
优秀	10%
良好	30%
合格	50%
差	10%

这种评价方法的缺点在于，如果优秀员工比较多，就不太适合，因为很难决定将谁放在差等级中。

（2）绝对评价法

绝对评价法可分为关键事件法、叙述法、作业标准法、择业报告法和行为评价法等。

◆ 关键事件法

关键事件法已提到过多次，在绩效评价中，可通过记录有利和不利的行为并运用这些记录来进行评价。这种方法可以贯穿于整个绩效评价阶段，缺点在于记录关键事件所花的时间可能会过多。如表 4-4 所示为通过好与差来记录秘书岗位的关键事件。

表 4-4　秘书岗位关键事件

序号	好	差
1	客户回访到位	文档管理不规范，有时找不到文件
2	能及时反馈工作进度	不了解上司工作计划
3	……	……
4	……	……

◆ 叙述法

叙述法是指通过一篇记叙文来描述员工的绩效，这种方法倾向于描述员工的突出行为，但对管理者的写作能力要求较高，另外由于没有统一的标准，评价起来会比较困难。

◆ 作业标准法

作业标准法是指预先确定一个标准或期望值，根据这一标准和期望值来评价员工的绩效，这种方法在生产工作中使用最多，如事先确定一个产出水平，根据该水平来评价生产部门的员工。

◆ 择业报告法

择业报告法是指通过让评价者从众多选项中进行选择的方式，来评价员工，这种方法的缺点在于陈述的实质可能是相同的。如某企业对公司管理者进行考核评价，采取择业报告法来进行，为此设计了选题供评价者进行评价，如下所示为选题的部分内容。

1.领导能力＿＿＿（单选）

A.善于领导部署提高工作效率，积极达成工作计划和目标

B.灵活领导部署，顺利达成工作计划和目标

C.尚能领导部署，勉强达成工作计划和目标

D.不得下属信赖，工作意愿低沉

E.领导方式不佳，常使下属不服或反抗

2.策划能力＿＿＿（单选）

A.策划有系统，能力求精进

B.尚有策划能力，工作能力求改善

C.称职，工作尚有表现

D. 只能做交办事项，不知策划改进

E. 缺乏策划能力，须依赖他人

3. 沟通协调____（单选）

A. 善于上下沟通平衡协调，能自动自发与人合作

B. 乐意与人沟通协调，顺利达成任务

C. 尚能与人合作，达成工作要求

D. 协调不善，致使工作较难开展

E. 无法与人协调，致使工作无法开展

4. 成本意识____（单选）

A. 成本意识强烈，能积极节省，避免浪费

B. 具有成本意识，并能节约

C. 尚有成本意识，尚能节约

D. 缺乏成本意识，稍有浪费

E. 无成本意识，经常浪费

注：A 为 5 星、B 为 4 星、C 为 3 星、D 为 2 星、E 为 1 星。

◆ 行为评价法

行为评价法是指确定考核期内员工某一行为出现的频率，通过对某种行为出现的频率赋值，再计算得分。这种方法适合于对员工的工作技能和工作表现进行评价。

知识加油站

绩效评价方法中，还有一种是绩效自评，即让被考核者自己进行打分。自评法的评价尺度较大，有的对自己的评价偏高，有的对自己的评价偏低。

4.3.2 如何对考核结果进行描述

我们应该如何对考核结果进行描述呢？细心的人通过观察不同企业的考核方案可以发现，考核结果一般用考核等级或考核分数来量化。

◆ 等级制

将员工的考核结果分为几个等级，这就是等级制。不同的企业，划分的等级会不同，一般来说多为 3 ~ 6 个等级。实践中，3 个等级区分度太低，4 级或 5 级比较合适。如何划分等级是等级制的关键，等级的多少和等级间的间距都会影响考核结果。

◆ 评分制

如某企业从业绩、能力和态度 3 方面对员工进行考核，总分共 130 分，某员工的考核的最终得分为 100 分，这种方法就是评分制。评分制常常和等级制结合起来使用。

如下所示为某企业绩效考核标准中关于考核结果的内容，该企业采用的是评分 + 等级制。

考核结果

1.考核结果分 A（出色）、B（优良）、C（常态）、D（需改进）、E（较差）、F（差）、G（极差）7 个等级，按现有全体员工总人数为基数进行等级划分来配比优劣员工数额；

2.被考核员工如月度考核评分在 E（含）以下，均须由本部门负责人、人事行政经理分别进行绩效面谈工作；并由部门负责人填写《员工绩效改进计划表》，以此形式帮助被考核员工在后期的工作中改进工作方法，提高工作效率、质量；

3.连续两个月考核为 E 类（较差）者、在年度中累计 5 次出现 D 类（需改进）以下者（含 D 类），将予以调岗、降级、淘汰（解聘或劝退）

等方式处理；

4. 公司每月评出 A 类（出色）、B 类（优良）级别的优秀员工各一名，如出现多名达标者，将由考评小组进行匿名投票评选出 A 类（出色）、B 类（优良）各一名，由公司予以绩效奖励。

总监、副总级高层管理人员不列为考核范围，其他员工按"绩效考核结果等级分布表"（见附表一）的标准发放或扣除绩效工资。

附表一：绩效考核结果等级分布表

等级	考核得分	情况说明	职务等级划分		
			高层	中层	普通
A- 出色	120 分以上	工作完成出色，成绩显著	无	+40%	
B- 优良	110 ～ 119 分	积极主动地完成各项工作，并取得较好的成绩	无	+20%	
C- 常态	90 ～ 109 分	履行工作职责，完成本职工作，表现不突出	无	+0	
D- 需改进	80 ～ 89 分	基本能完成工作任务，但需改进或提升工作方式或工作效率	无	- 20%	
E- 较差	70 ～ 79 分	完成工作任务，整体表现均较差	无	- 40%	
F- 差	60 ～ 69 分	完成工作任务，整体表现均差	无	- 60%	
G- 极差	60 分以下	不能完成本职工作，效率低，工作表现极差	无	- 100%	

4.3.3 考核结果的上报和归档

完成考核后，各部门还需将考核表交予人力资源部汇总和存档。人力资源部要根据上报的结果编制绩效考核结果汇总表。

汇总表可有多种编制方式，如表 4-5 和 4-6 所示为不同的绩效考核结果汇总表。

表 4-5 绩效考核结果汇总表

考核期间：自　　　年　　　　月至　　　年　　　　月

部门	被考评者	业绩得分	能力得分	总得分	评价

表 4-6 部门员工年度绩效考核分数汇总表

部门：　　　　　　　　　　部门得分：

序号	姓名	岗位名称	考核得分	绩效等级	备注
1					
2					
3					
4					
5					

　　考核表归档是为了后续的考核结果分析和应用有据可查。在绩效管理中，除了会整理归档绩效考核表外，还会把一些与绩效有关的其他资料收集整理并归档，如绩效管理分析评估报告、绩效培训文件、各种绩效考核考评材料和绩效考核会议纪要等。存档一般会保存电子版本和纸质版本两种版本。

员工绩效的反馈与改进

绩效考核结果出来了，部门一个员工的考核等级为 E 级，你需要向该员工反馈考核结果并进行面谈，但是你不清楚面谈要谈些什么，也不知道该如何指出员工绩效差的情况，因为你怕员工会因此而讨厌你，于是你陷入了苦恼。如果你暂时不知道如何进行绩效反馈和面谈，没关系，下面我将带领你一起来学习。

5.1
如何做好员工绩效反馈

我曾经在给一个公司做绩效咨询时，问过该公司的经理这样一个问题："你有没有向你的下属反馈过考核结果？"该经理这样回答我："绩效评分是管理者自己的事，考核结果是机密，为什么要让员工知道。"他的回答我并不吃惊，因为我已经发现这就是该公司绩效考核的症结之一。

这家公司实施绩效考核有两年了，但员工的技能和素质一直没有得到提高，因此他们找到了我，希望我能帮助他们提供解决方案。我告诉该公司领导："你们从来不让员工知道考核结果，员工不知道自己到底做的怎么样，也不知道哪些地方做得不好，那让员工怎么提高。"

在绩效考核中，评价仅仅是手段，反馈评价信息才能促进员工发展，希望每一个企业都不要忽视绩效反馈这一重要的环节。

5.1.1 什么时候需要绩效反馈

什么时候才需要做绩效反馈？这个问题我也问过我自己。在我刚做绩效管理那会儿，我曾一度认为只有结果不佳的员工才需要进行绩效反馈，因为要指出他们的不足，要让他们改进。

后来，一件事让我改变了这一观念。记得在一次绩效考核中，我给部门助理的评级是 A 级，也就是出色。想到他各方面工作都完成得很出色，我就没有找他进行反馈面谈。

令我没想到的是，过了几天他主动找到了我，他对我说："经理，我看到我这个考核周期的结果是出色，但为什么其他同事你都进行面谈，但我却没有。"

我回答道："你的考核结果很好啊！"他摸摸头，有点不好意思地说道："虽然考核结果是令人满意的，但我也想知道哪些地方是需要改进的。"他的回答让我很惭愧，这让我意识到优秀员工也需要进行反馈。

再后来，随着经验的积累，我才发现，反馈应该是每天都进行，时时都进行。有的管理者可能会犯与我相反的错误，他们认为考核结果不佳的员工不需要反馈面谈，我问他们为什么？他们回答说："这样做，让员工多没面子呀。"

所有管理者都要明白，其实，每个员工都想知道自己做的怎样，得知自己的工作成果和表现得到了肯定，员工会很有成就感，知道自己的不足之处，员工才能改进。

管理者要树立"什么结果都要反馈"的意识，另外，反馈要及时，要抓住时机，不要等到问题已经恶化或无法挽回，或已经过去很久了再行动。如果事情已经过去很久了，你再找下属进行绩效反馈，下属表面上不会表现出不满，但在心里他会想，"你怎么不早说。"

什么才叫反馈及时呢？就是考核结果一经确定就着手进行反馈，且要在考核结果对员工的薪酬和晋升产生实质影响前。这样，反馈才不会变成一个人的"独角戏"，反馈的效果才会更好，双方也更容易达成共识。

5.1.2 绩效反馈的方式

知道了什么时候需要进行绩效反馈，接下来就要学会选择合适的反馈方式。绩效反馈的方式有一对一面谈、一对多面谈、公示、电话反馈和邮件反馈等，其中，我最推荐的方式是一对一的绩效面谈。

因为一对一的绩效面谈更能把握员工的想法，虽然花费的时间比其他方式要多，但效果往往也是最好的。邮件反馈、公式和电话反馈等都可以作为一对一的绩效面谈的补充，如表5-1所示为不同反馈方式的特点。

表5-1 不同绩效反馈方式的特点

反馈方式	说明	特点
一对一绩效面谈	指考核者与被考核者就绩效结果和问题进行一对一面谈	最常用的绩效反馈方式，可以针对每一个员工具体问题具体分析
一对多绩效面谈	指考核者与多个被考核者就绩效结果和问题进行面谈	可以节省反馈的时间，但无法有针对性地和员工进行沟通
多对多绩效面谈	指多个考核者与多个被考核者就绩效结果和问题进行面谈	沟通效率较高，互相间可进行交流，私密性问题无法交流
公示	指将员工的考核结果公开展示	对员工的刺激性较大，对于考核结果不佳的员工来说，可能会引起其反感。在面谈结束后可公示优秀员工的绩效结果，以树立标杆
电话反馈	指通过电话来进行绩效反馈	若考核者与被考核者处于异地，那么就可以使用电话进行绩效反馈
邮件反馈	指通过邮件来进行绩效反馈	有些内容可能无法用邮件很好地表达，由于缺乏沟通，可能会带来误解

5.1.3　绩效面谈有没有用

针对"绩效面谈有没有用？"这个问题，我想，大部分人都会回答"是有用的。"但具体体现在哪些方面呢？

◆　有助于达成共识

同样的行为表现，不同的人给予的评价会有所不同，管理者对员工的评价，代表的是管理者的看法，而员工对这种看法背后所展现的深层次的原因却不清楚。员工的看法与管理者的看法很有可能相悖，而绩效面谈的作用之一就是消除这种误解，使双方达成共识。

◆　让员工正确认识自己

人无完人，每个人都有优缺点，关键在于如何认识自己的长短处。一个合格的管理者，不仅能发现员工的优缺点，还能提出意见，帮助其进步。绩效面谈就是让员工认识自己长短处的桥梁，没有依据地指出员工的不足和优点，员工可能并不认可，但拿着绩效考核结果来沟通，就不一样了，员工更能真正认识到自己的潜能和不足，从而知道如何"更上一层楼"。

◆　更能让人信服考核结果

把考核结果藏着掖着，会引发员工的各种猜想，如是不是考核结果有"水分"、怎么没有奖金、考核结果肯定有问题、这个考核的公正性值得怀疑等。

在看电视剧的时候，想必大家都有这样的体验，男主角和女主角产生了误会，本来一两句话就可以解释清楚，并消除误会，但两人就是互相不开口解释，结果误会就越来越深。当然，在电视剧中这是编剧安排来吸引看剧的人，但在现实生活中，这种桥段并不少。

回到绩效管理中来，当管理者与员工因信息不对称导致对考核结果产生误解时，就需要绩效面谈来让员工对考核结果心服口服。

◆ 利于绩效改进计划的制定

绩效面谈的结果还与绩效改进计划息息相关，双方对考核结果达成共识后，在面谈中就可以共同制定改进计划。管理者可以提出建议，员工可以告知需要的支持，保证改进计划的可行性。

5.1.4 考核主管的准备工作

"不打无准备的仗"这句话大家应该都听过，准备的重要性不言而喻，缺乏准备的绩效面谈往往会失败，下面来看一个小场景。

一天，部门主管李经理找到小刘，"小刘你来我办公室一趟。"小刘当时正在忙着制作市场报告，但上司叫他，他也只能放下手上的工作，在去经理办公室的路上还在想："经理是因为什么事叫我呢？"

到了经理办公室，李经理说："没别的事，就是想和你谈谈绩效考核的结果。今年你的业绩总得来说还说得过去，根据你的表现，我给了你75分。"

小刘："经理，我的工作表现你应该是很清楚的，我认为我做得都很不错啊。这个分值，说实在，有点偏低。"

李经理："你的工作我当然有数，但你的不足也有很多，比如上个月你没有及时汇总工作结果。"

小刘："这件事我不是和你解释过了……"

小刘话还没说完，助理直接走进了办公室说道："李经理，大家都在会议室等你呢？"

李经理："好了，好了。下次再聊。"说完，李经理就离开了。

从上面的案例可以看出，在绩效面谈前，经理根本没有给下属准备的时间，选择的面谈时间也不恰当，明知道自己有会议，却选择在会议前进行面谈。

成功的绩效面谈，离不开面谈前的准备。考核者需要做的准备工作有以下一些。

◆ 准备面谈资料

面谈资料包括员工的绩效考核表、绩效计划、绩效目标、岗位说明书以及日常工作记录和关键事件记录表等。在面谈时，谈论的内容与这些资料都有关，因此，考核者要先消化这些资料，整理出员工的优点和不足。以免在面谈时不清不楚，显得自己很不专业。

◆ 确定面谈时间

面谈时间的选择也很关键，尽量不要选在接近下班或周五的时间，也不要在周末进行，要选择双方都有空闲的时间段。单方面确定好时间后，要征询一下员工的意见，另外，要提前通知，让员工有充足的准备。

◆ 选择面谈场所

保证了"天时"，还要注重"地利"。绩效面谈的时间有长有短，在面谈期间，要确保不被人打扰，因此要选择不容易被干扰的环境作为面谈场所。一般来说，管理者的办公室以及公司的小会议室、接待室都比较适合，在有透明玻璃的会议室面谈时，注意将窗帘拉下来。因为面谈的内容与员工的切身利益有关，交流时难免会有冲突，不拉窗帘不利于保密，也可能会引起员工的反感。

◆ 营造良好氛围

有了天时、地利还不够，还需要人和。面谈时，选择不同的座次，可以营造不同的氛围。如图 5-1 所示为不同座次带来的氛围。

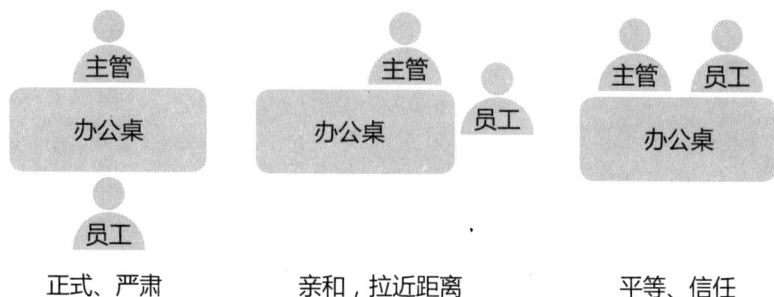

正式、严肃　　　　　　　亲和，拉近距离　　　　　　平等、信任

图 5-1

知识加油站

在绩效面谈前，不仅是考核者要准备，被考核者也要做好准备工作。被考核者需要填写自我评价表或进行自我总结，准备个人发展计划、工作日志和向主管提出的问题等，并且安排好个人工作，以避免面谈时被打扰。

5.1.5 绩效反馈面谈指引

绩效面谈到底要谈些什么？是复述员工当期的考核结果，还是让员工谈谈工作总结。抓不住绩效面谈的重点，对面谈不重视，只会做无用功。下面来看一个案例。

年末，是王经理最忙的时候，部门大大小小的事都很多，其中也包括年终考评。考评结果出来了，王经理需要与部门员工进行绩效面谈，部门大约有 20 人左右，因为任务繁重，王经理通常采用以下方式进行绩效面谈。

通知员工进行绩效面谈后，王经理首先会将绩效考核表摆在员工面前，然后针对几个主要的指标进行解释，接着他会问一问员工有没有异议，有异议就让员工记录下来，说等以后再具体沟通，没异议就让员工回去了。

这样，王经理十来分钟就可以结束一次面谈，很快，部门员工的绩效面谈就都完成了。

从案例可以看出，王经理绩效面谈的内容仅限于主要指标的解释，这样的面谈肯定是不行的，根本没有意义，既浪费了他自己的时间，也浪费了员工的时间，我们一定不要做这样的"王经理"。

绩效面谈要围绕一个考核周期的工作开展来谈，一般来说，会包含如表 5-2 所示的内容。

表 5-2　绩效面谈的内容

面谈内容	说明
谈面谈的目的和作用	先告诉员工，面谈的目的不是揭他的短，而是消除认知差异，发现问题，促进提升，展望未来
谈考评结果	不管员工是否了解自己的考核成果，都有必要与员工一起回顾考核期内的绩效计划，业绩完成情况，说明绩效评估的理由，确认员工对考核成果没有异议。员工没有异议当然很好，但如果有，就必须先解决这一异议，否则后面的面谈将没有意义
谈行为表现	谈行为表现时，不能只谈差距，也不能只谈成就，两者要有机结合。员工平时表现比较出色，那么不妨多夸夸他，提出你对他的期望，告知其需要完善的地方，分享你的经验。员工平时表现不佳，和他一起分析原因，让其明白差距的症结所在
谈改进措施	好好分析员工的优缺点，接着就要确定下一个绩效周期的改进措施了
谈新的工作目标	一个考核周期的结束，也意味着新的开始。结合上一阶段的现状，主管要与员工一起制定下一阶段的工作目标和标准

为了让员工能更好地改进不足，并顺利完成下一阶段的绩效目标，在明确新的目标时，还要与员工确认相应的资源配置。

在面谈结束前，最好进行面谈要点总结。不管面谈结果如何，在结束时都要整理好员工的心情，不要让员工带着沮丧离开，而要让员工带着积极的情绪离开。

知识加油站

面谈中，也要注意时间的安排，时间过长会让人感到很累，时间过短又起不到面谈的效果。一般来说，普通员工以 30 ~ 60 分钟为宜，中层管理者 60 ~ 120 分钟比较合适。

5.1.6 面谈过程中的语言和肢体禁忌

有时，有些言语和行为习惯可能是我们自己都没有注意到的，但在他人眼里却是极不美观，不恰当，甚至是引起反感的。作为被考核者的上司，自己的一举一动都影响着员工对自己的看法，在面谈中，要注意以下语言和肢体禁忌。

（1）语言禁忌

忌无依据胡乱说。在没有获得完整的绩效考核结果前，不要随意评价员工的绩效表现。

忌自顾自说。在面谈时不能以自己为中心，自己夸夸其谈，却不管员工是否在听，也不管员工是否想提问。

忌做"好好先生"。面谈不能只谈员工的优点，因怕影响同事关系，不愿指出员工的不足。

忌只泼冷水。只泼冷水的管理者与"好好先生"相反，只抓住员工的缺点，而不关注员工的优点。员工考核结果不佳，但也不能只泼冷水，要注意使用积极性语言鼓励员工努力追赶。

忌废话连篇。面谈要把握重点，直奔主题，不要扯半天家常却还没有进入主题。另外，在描述内容时，要注意陈述客观事实，而不是主观评判。

忌笼统模糊。在面谈时，不要笼统地说员工好或不好，而要说好在哪里，不好的是什么。

（2）肢体禁忌

◆　忌翘二郎腿。

◆　忌打哈欠、伸懒腰。

◆　忌用手挖眼耳鼻。

◆　忌抖腿。

◆　忌坐得太近或太远。

5.1.7　绩效反馈面谈表制作

绩效反馈面谈表有什么用呢？它可以作为面谈的证据，让员工做好面谈记录，可以查看员工的理解是否有偏差。一般来说，绩效反馈面谈表可以包括如图 5-2 所示的内容。

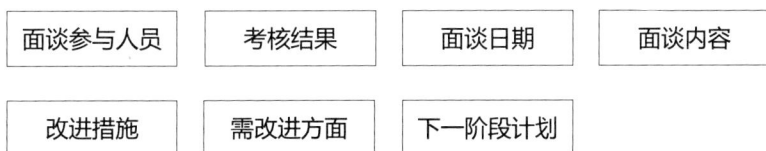

面谈参与人员	考核结果	面谈日期	面谈内容
改进措施	需改进方面	下一阶段计划	

图 5-2

如表 5-3、5-4 和 5-5 所示为不同的绩效面谈记录表模板。

表5-3 绩效面谈记录表

部门		面谈日期	
被考核者		岗位	
考核者		岗位	
绩效回顾	考核期间：	分数：	等级：

值得肯定的方面：（请列举具体事项）
1.
2.
3.
4.
......

需改进方面及原因分析：（请列举具体事项）
1.
2.
3.
4.
......

绩效改进措施/计划：（包含：工作中的疑难点,希望给予怎样的资源、支持或培训,以及具体改进措施）
1.
2.
3.
4.
......

被考核者签字：	考核者签字：
日期：　　年　　月　　日	日期：　　年　　月　　日

备注：

表 5-4 绩效面谈记录表

被面谈人姓名			部门		职务	
面谈人			面谈时间		面谈地点	
年度绩效面谈						
主要成绩／进步（业绩、能力、态度）		1				
		2				
		3				
		4				
有待改进方面（业绩、能力、态度）		1				
		2				
		3				
		4				
最终考评结果通报		年度考评等级				
员工业绩改进计划						
	改进事项			改进方式		
1						
2						
3						
4						
感谢员工在考核期内取得的工作成果，并勉励之！						
面谈人签字			被面谈人签字			
注：绩效面谈结束后，请于　年　月　日前将此表填写完整提交　部处，谢谢！						

表 5-5　绩效面谈记录表

被面谈人姓名		部门		岗位	
面谈人		面谈时间		面谈地点	
面谈方式					

<table>
<tr><td colspan="6" align="center">绩效面谈内容</td></tr>
<tr><td colspan="6">一、一起回顾考核周期内的绩效情况。（上级引导，告知员工本考核期内考核绩效分数）
1.
2.
……</td></tr>
<tr><td colspan="6">二、考核周期内突出的业绩。（对应是加分项，由上级讲述并填写）
1.
2.
……</td></tr>
<tr><td colspan="6">三、考核周期内工作中存在的不足及需要提升的技能或能力。（对应的是相对较差的指标项或扣分项，由上级提出指导意见并由上级填写）
1.
2.
……</td></tr>
<tr><td colspan="6">四、双方沟通下月工作计划及目标是否达成一致？（由上级填写是或否）</td></tr>
<tr><td colspan="6">五、对于考核周期内工作中相对薄弱的环节，你计划采取什么方式或行动弥补？（本项与第三项当中存在不足相对应，此项可由员工填写）
1.
2.
……</td></tr>
<tr><td colspan="6">感谢员工在考核期内取得的工作成果，并勉励之！</td></tr>
</table>

直属上级签字		被面谈人签字	

5.2
对绩效结果进行反馈的技巧

如何反馈员工的绩效成果，也是一门学问。为什么这么说呢？看了这个案例你就明白。

小王最近为了赶出标书，每天都加班到很晚，标书制作完成后，送到客户那儿反映很好，客户还夸奖小王工作负责认真，经理知道后觉得可以表扬一下小王。

第一种反馈是这样的："小王，最近工作很认真啊，我看你连续加班一周了，接下来可以好好休息一下了。"

第二种反馈是这样的："小王，你最近为了标书连续加班了一周。我看了你的标书，质量相当高，整个标书规范标准，逻辑合理，严谨分析了客户的需求，最重要的是客户反映也特别好。继续努力，这对你的个人发展是很有帮助的。"

对于第一种表扬，小王会感谢经理的关心，但没过多久就忘得一干二净了。对于第二种表扬，才是小王想听到的，因为，经理说到小王心坎里去了。在经理的激励下，小王会更加努力。

5.2.1 正面反馈绩效结果

员工的绩效表现一般有正反两面，即既有值得鼓励的地方，也有需要改进之处。正面反馈，简单来说就是表扬，但是表扬也是有技巧的。

（1）第一个关键词——具体

什么是具体？前面的例子中，第二种反馈就是具体的反馈，而第一种反馈是笼统的反馈。具体要求我们不能只说员工表现好之类的话，而要点出具体的事件。具体的反馈更能对症下药，能让员工知道为什么要表扬他。如何才能做到正面反馈具体呢？以下几步可以帮到你。

第一步，说明员工表现上的细节。

第二步，说明员工的这一表现反映出了他的哪些优点。

第三步，说明这些表现带来的成果或影响。

（2）第二个关键词——针对性

部门这个月提前完成了项目任务，部门经理决定开个会表扬一下大家。

会议开始了，经理清了清嗓子说道："大家最近辛苦了，业务部赞扬了我们部门，说非常感谢你们的支持，是你们的努力让许多客户的网站都提前上线了，客户反映很好，还推荐了其他客户给业务部。我在这儿表扬大家，希望大家再接再厉。"

到了下个月，项目的业绩不升反而降了，这让经理百思不得其解，心想："怎么表扬了大家，反而大家的工作热情没有以前高了，特别是之前经常加班加点赶项目的小刘和小张。"

原来，这个部门只有小刘和小张经常加班赶项目，为客户网站的提前上线作出了特别的贡献，而其他员工则每天只是完成固定任务。闹了半天大家都受到了表扬，小张和小刘的热情也就下降了。

上述案例中，该经理的表扬对象是部门所有员工，并没有针对性地进行反馈。其实该经理可以这样进行表扬，"最近大家都辛苦了，但我要特别表扬小张和小刘，他们两人加班加点赶项目，作出了突出贡献，公司决定给予两人奖金奖励，希望大家都向他们学习。"

正面反馈只有针对到个人，员工才能感受到领导的关心。谁好谁差，其实管理者心里都明白，但表扬要有针对性才能达到目的。

（3）第三个关键词——真诚

何为真诚？可以理解为坦诚相待，也可以理解为真挚、诚实、坦荡。正面反馈最忌不真诚，为什么呢？表扬的话说出来都无法令人相信，还谈什么激励。

发工资了，老板决定表扬一下部门的小罗，以期望小罗工作更有干劲。老板对小罗说："小罗，你这个月工资不错吧，这是你努力工作的回报，我都看在了眼里，知道你最近都有加班，希望你继续保持。"说着，老板还拍了拍小罗的肩膀，以示肯定和鼓励。

小罗回到了自己的办公位置，心想："我这个月工资也没有涨啊，和以前一样，而且我都是下班就走，也没有加班呀，经理是不是找错对象了。"带着满肚子的疑问，小罗开始了自己的工作，经理的这次表扬也没有起到效果。

在人际交往中，真诚的赞美能架起友谊的桥梁，而绩效反馈面谈就是一次人际交往的过程，在这个过程中要真诚以待。真诚要求不能夸大其词，要让员工感受到你真的很认可他，而不是"套近乎"，这样，员工才能将表扬当成激励，才会有自豪感。

5.2.2 反面反馈绩效结果

批评也是一种艺术，为什么呢？有句话是这样说的"骂人不带脏字"。如下面这位高手，同样是批评，他却可以让听的人很高兴，不可谓不高明。

杰克是一名很具影响力的学者，当地举办重要活动时都会邀请他发表演讲。有一次，当地一个企业邀请他参加开业典礼，希望杰克能上台讲几句，为开业致辞。

杰克欣然接受了邀请，他决定用心写这篇开业致辞稿，让听演说的人都能感受到开业的氛围。杰克很认真地写了致辞，并且反复修改了很多次，直到自己满意。

杰克将自己写好的致辞读给妻子听，希望能得到意见反馈。妻子听了后，感觉这不像致辞，更像评论稿，于是她毫不留情地说："你这根本不行，完全不符合开业的场合，下面听的人肯定会打瞌睡。"

听完后，杰克很不高兴。妻子却还在说："一定要改，不改不行，你这样的稿子拿上台后肯定会影响你的名声。"杰克很生气，直接摔门出去了。

在路上，杰克遇到了自己的同事玛丽，玛丽看出杰克情绪不佳，就问："怎么了？遇到什么烦心的事了吗？"杰克叹息了一声，说道："我熬了一个通宵写的开业致辞稿，不仅没得到认可，还被认为没有一点好的地方。"玛丽说："能不能给我看一眼？"

杰克将演讲稿给了玛丽，玛丽看了后，笑着说："杰克，你这篇稿子写得真棒，如果发表到评论周刊，他们肯定会很高兴。"杰克听完后，想了想，笑着说："看来真的要改，这可是开业致辞啊，不是评论稿。"就这样，杰克怀着愉悦的心情修改了稿子。

同样是批评，如果直接一针见血地指责，在被批评者听来会很刺耳，会被认作是一种攻击。而如果能委婉的指出，效果将不同，被批评者会更乐意接受。

下面我介绍两种负面反馈的方法，这些方法可以让你的批评也变得很"艺术"。

（1）批评艺术一——汉堡原则

吃过汉堡包的人都知道，汉堡一般分为 3 层，上下两层是两片小圆面包，中间是牛肉饼、生菜等食物。如图 5-3 所示为汉堡原则示意图。

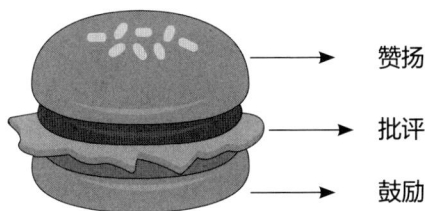

图 5-3

汉堡式批评的第一块面包会先指出被批评人的优点，中间的牛肉饼会指出存在哪些需要改进的地方，最下面的一块面包会提出鼓励和期望。

简单来说，在绩效反馈面谈时，要帮助员工认识到自己的不足，要先表扬，让员工不会有逆反感，再指出不足，最后再进行激励，让员工带着愉悦的心情结束谈话。两块赞赏的"面包"，夹住批评的"馅"，员工"吃"下去就不会感到太硬。

汉堡原则其实就是我们常说的"打一耳光给一颗糖"，也可以用"虽然……但是……"来表达。

（2）批评艺术二——BEST 原则

BEST 原则中每一个大写字母都代表了一个词汇。

◆ B（Behavior Description，描述行为）就是行为，即第一步先描述干什么事。

◆ E（Express Consequence，表达后果）就是后果，表述这件事产生的后果是什么。

◆ S（Solicit Input，征求意见）就是征求意见，询问员工，你觉得应该怎样改进？引导员工回答。

◆ T（Talk About Positive Outcomes，着眼未来）就是肯定和支持，员工说他要怎么改后，管理者要以肯定和支持收场并鼓励他。

举一个例子可能更好理解 BEST 原则。你要批评会计工资核算出错了。首先，你要描述行为，如"保罗，这次工资核算又出错了，这已经不是你第一次出现这种错误了。"接下来，你要陈诉后果，如"公司同事对我们部门的意见很大。"第三步，你要征求意见，如"你怎么看待这个问题，准备如何改进？"保罗认识到自己的不对后，说："我准备……"。最后，你要给予支持，如"嗯，这个方法很好，相信你只要细心一点就不会出错了。"

需要注意，使用 BEST 原则时要注意"刹车"，在征询员工想法时，不要打断他，让他说完，最后再做点评即可。

5.2.3 绩效结果反馈的 4 个步骤

绩效反馈是将绩效考核结果向员工说明和讨论的过程，但与此同时，我们也需要讲究技巧。在这个过程中，掌握以下步骤，有助于管理者更好地进行结果反馈。

第一步深呼吸。在进行绩效反馈前，管理者一定要整理好自己的心情，不能将自己的坏心情带给下属。当管理者无法平复心情时，不妨深呼吸，这有助于冷静，集中思想，放松精神，让自己以最好的状态面对下属。

第二步认真听。绩效反馈不是管理者一个人夸夸其谈，还要学会听。听的时候要认真，不能左顾右盼，不然会让下属认为你不尊重他。听的时候不要急于打断对方，让对方把话说完。

第三步听明白。听不是指左耳进右耳出，而是要听进去，听明白。如果对方说的话有自己没听懂的地方，要及时提出，如可以让对方再复述一遍。

第四步说清楚。说的时候要知道自己要说什么，不能牛头不对马嘴，要把自己的意思完整地表述出来，不要让对方感觉云里雾里。对于重要的事情，可以提高声音进行强调，也可以多复述一遍，让对方明白这是很重要的。

5.3
进行绩效考核的改进

我们知道，许多员工之所以会关注绩效考核结果，主要是因为考核结果与晋升、降级、薪酬和惩罚有关。但从企业的角度来看，奖惩的目的不仅仅为了发奖金，也不是为了扣员工的钱，更多的是希望用这种方法促进员工能力的提升。

5.3.1 绩效考核结果的诊断

绩效改进是指确认工作绩效的不足，查明产生的原因，制定并实施有针对性的改进计划和策略，不断提高竞争优势的过程，即指采取一系列行动提高员工的能力和绩效。从其含义可以看出，绩效改进首先要确认工作绩效的不足，我们可以将这一过程称为绩效诊断和分析。绩效诊断和分析的关键是找出有绩效问题和绩效不佳的员工，这基于绩效考核结果和绩效反馈面谈。那么如何才能找出关键绩效问题呢？答案是对比，谁和谁比是关键，看下图 5-4 所示的内容。

图 5-4

期望绩效是企业根据生存和发展的需要而确定的，实际绩效结果是目前达到的绩效水平，两者若相差很大，那么就需要重点关注。举个例子，某公司绩效考核方案中，有一考核指标为经营指标，在部门经理绩效考核表中，该指标占考核权重的 40%，但公司 80% 的部门经理的该项指标得分为 80 分。根据考核方案，80 分属于 D 级，即是需要改进的。而公司期望看到的是，80% 的经理能获得 B 级，即良好。可见，实际的绩效结果与公司期望的绩效状态相差很远，那么经营指标就是需要亟待改进的关键绩效问题。

上述方法实际上是目标比较法，即将考评期内员工的实际工作表现与绩效计划的目标进行对比。另外还有水平比较法和横向比较法，水平比较法是指将考评期内员工的实际业绩与上一期的工作业绩进行比较；横向比较法是指在各部门或单位间，各员工间进行横向比较。这 3 种方法都可用来分析绩效差距。

绩效不佳的员工一般指考核结果为不合格或差的员工，主要有以下几种类型。

- ◆ 工作态度、素质不佳，经常违反员工手册或规章制度。
- ◆ 不能保质保量完成工作业绩，主要指主要工作职责。
- ◆ 不认同公司价值体系的员工。
- ◆ 其他行为不当的员工。

对于以上绩效不佳的员工，要量体裁衣，采取不同的绩效改进策略。但有的员工可能并不需要改进，因为可能是需要辞退的对象，这需要企业自行把握。

知识加油站

你可能会问，是不是只有低绩效员工才需要进行绩效改进，而高绩效员工不需要改进？答案是否定的。实际上，即使最优秀的员工也需要持续的改进，只是如果所有员工都进行绩效改进，会带来较高的管理成本。因此企业会根据现有资源来确定改进策略，但至少低绩效员工的改进计划会排在最前面。

5.3.2　分析绩效不佳的原因

清楚了不足后，接下来要了解产生的原因。通过观察可以发现，企业中常常会有以下现象。

（1）员工不知道该做什么

这是比较常见的现象，表现为任务安排下去了，员工也确实在行动，但结果与自己想要的差距很远。员工不知道该做什么，具体表现在以下几个方面。

- ◆ 员工不知道什么该做。
- ◆ 员工不知道什么时候开始和结束。
- ◆ 员工不知道怎样才算是完成。

为什么员工会不知道该做什么呢？这很可能是因为员工没有理解你的指示，也可能是因为你的安排不具体。

例如，一天你给你的下属安排了一个工作，工作内容是写报告。下属问你："什么时候要。"你说："不急。"这个不急就会让员工认为可能一两个月以后再交都行。

过了一个星期，你问下属："报告完成了吗？我现在要用。"然而下属说他还没有开动，那么你肯定会认为下属没有认真完成工作，而下属会想："不是不急吗，怎么现在又要了。"下属也会心中不满。

我们在给员工安排工作时一定要具体、详细和清楚，不要使用一些模糊的词汇，而要明确地告知起始时间、标准，这样员工才能知道该做什么，该什么时候做完。

（2）员工不知道该怎么做

你交待了工作任务，接下来员工却不知道该怎么着手，这主要是由于员工知识技能水平不足造成的，现实告诉我们，知道了和会做是两回事。

举个例子，你教一名驾考学员学习开车，你告诉他，开车其实很简单，只要掌握好方向盘，分清楚油门和刹车，学会换挡就可以了。你示范了一遍，问学员："是不是很简单。"学员点点头。

学员坐在了驾驶位上，茫然地望着你，"怎么不动。"你生气地说：

"你不踩油门怎么动。"

开车的原理似乎很简单，但真正实践时会发现没那么简单。许多企业在培训时也常常会忽视这一点，培训多停留在理论知识层面，但要运用在工作中，不一定人人都会融会贯通。

实践中，要多给员工测验、动手和练习的机会，帮助员工学会运用知识和技能。

（3）员工不知道为什么做

很少有员工会主动问上级"为什么要做"，而上级也不会主动告知员工做这件事的价值。即使有员工提出疑问，得到的回答也常常会是"问那么多干什么，你去做就行了"。

如果你也曾经这样回复过你的下属，就要反思了。员工不清楚这件事与公司目标、发展之间的联系，不知道自己的工作对公司意味着什么，也不知道做不好会带来什么风险。这样就只会停留在表面，只会为了干活而干活，不会想着要将工作做好，而仅仅只是完成。

所以，管理者要让员工明白，自己的工作会对企业产生什么影响，要让其明白，自己的岗位与企业有千丝万缕的联系。

除了以上现象外，还有以下几种现象也比较常见。

不做有正面的结果，做了有负面结果。如部门有件棘手的事，大家都不愿意去做，但小李去做了，而且做得很好，于是以后有棘手的事都找小李去做，这就是做了有负面结果。久而久之，小李不会再主动去接手一些难办的事。这告诉我们，企业应有明确奖惩制度，不要让员工感觉做多做少都一样。

现实障碍常常阻碍员工完成工作。比如销售部成交了一批大型设备，等到交货那天，却发现这批设备缺少了一个重要的零件，导致销售部不能按时交验货物。

面对外部障碍，管理者要做的是了解实情，及时提供帮助，将障碍带来的影响降到最低。

个人问题没有得到及时解决。如员工对绩效不重视，没紧迫感，受家庭琐事困扰或发生重大变故都可能导致绩效不佳。多多观察，及时沟通反馈是解决个人问题的好方法。

员工认为自己的方法更好。如你按照自己的方法和经验教导下属，让下属按照你的方法去做，但下属却在心里认为你的方法不行，在具体操作时还是按照自己的方法来。面对很有想法的员工，管理者要分析自己为什么要采用这种方法的原因，如果员工还是坚持己见，不妨让他动手试试，如果员工碰壁了，自然会认可你，如果员工的方法是可行的，也可以借鉴学习。

以上现象，相信大家都或多或少遇到过。综合起来，可以看出造成员工绩效不佳的原因主要有：认知、技能、态度和外部障碍。

5.3.3 绩效改进计划的制定

系统分析了导致员工绩效不佳的原因后，接下来就需要制定确切的改进计划。我们制定的绩效改进计划也要符合 SMART 原则，以保障其可操作性。如下所示为某公司制定的绩效改进计划，可以参考借鉴。

×××公司×××年绩效改进计划

一、绩效改进依据：

×××公司×××年及×××年员工年终绩效考核结果。

二、绩效改进对象：

1.×××年度绩效考核结果为"不合格"人员；

2.×××年度绩效考核结果为"有待改进"，且×××年度绩效考核结果为"有待改进"或"不合格"的人员。

三、绩效改进目的：

1. 贴近一线，学习业务知识，掌握相关技能或能力，为更好的服务一线打下良好的基础；

2. 实现员工个人及公司整体工作绩效的改进，用科学的方式持续提升组织效率。

四、绩效改进人员指导人与所属部门经理职责：

1. 在绩效改进期间，所在服务部经理作为绩效改进员工的指导人，履行相关职责；

2. 在绩效改进期间，指导人应指导绩效改进人员制定绩效改进期间工作计划，并就绩效改进期间工作进行充分的指导和帮助；

3. 在绩效改进期间，所属部门经理需对本部门绩效改进人员的绩效改进情况进行深入了解，并为员工提供指导和帮助。

五、绩效改进措施：

改进时间	改进措施	备注
20_年3月1日～20_年3月31日	1. 安排绩效改进人员学习业务知识，锻炼个人能力； 2. 绩效改进人员需每周向指导人及所属部门经理提交工作总结； 3. 指导人将评价后的工作总结交至机构人力资源部	根据岗位职责与日常工作，3月5日前在与服务部经理沟通的基础上，在HR系统建立绩效改进计划

续表

改进时间	改进措施	备注
20_年4月1日~20_年4月30日	1. 绩效改进人员需熟悉并积极服务业务一线，助力一线； 2. 绩效改进人员需每两周向指导人及所属部门经理提交工作总结； 3. 指导人将评价后的工作总结交至机构人力资源部	—
20_年5月1日~20_年5月31日	1. 绩效改进人员全面总结在绩效改进期的工作情况及改进措施，并形成书面总结。在31日前填写绩效改进沟通表（详见附件），并由指导人对其进行评价； 2. 将绩效改进沟通表及整体改进期间工作总结的签字版交至机构人力资源部	5月30日前在HR系统进行自评，6月10日前完成系统上级评价与审批

六、绩效改进结果及其处理：

1. 绩效改进结果分为"合格""有待改进"和"不合格；

2. 3个月绩效改进结束后，通过HR系统进行绩效改进期间绩效评价与审批。若绩效改进评价结果为"合格"，可以考虑回原岗位工作；若绩效改进评价结果为"有待改进"或者"不合格"，视为调整工作岗位后仍不能胜任工作，公司有权依据《劳动合同法》解除劳动合同。

七、附件：

绩效改进沟通表

员工编号		姓名	
所在部门		绩效改进结果	
工作总结（可另附纸）			

续表

指导人评语
指导人：   日期：
所属部门经理意见
所属部门经理：   日期：

员工的工作能力不是一朝一夕就可以提高的，因此绩效改进的评估周期一般可以设定为一个月到一个季度不等。

5.3.4 对绩效改进的结果进行评估

改进计划实施后，还需要对改进结果进行评估，我们可以参考柯氏 4 级培训评估模式来进行结果评估。

阶段一：反应评估。改进措施实施后，了解改进活动对员工的影响及员工的感受，如果员工的反应是消极的，就要分析是计划本身的问题还是实施带来的问题。

阶段二：学习评估。员工是否在知识、技能和态度等方面得到了提高，掌握了哪些不会的知识和技能。

阶段三：行为评估。是否对员工的认知和工作方式产生了良好的影响，员工是否将所学的东西应用到了工作中。

阶段四：成果评估。改进活动对企业带来哪些改变，绩效差距是否因此缩小。

在前面展示的某公司绩效改进计划中，其绩效改进沟通表就涉及改进结果的评估。另外，部门也可以通过绩效改进计划表来列明改进措施和评估改进结果，如表 5-6 所示为绩效改进计划表模板。

表 5-6　绩效改进计划表

员工姓名		部门		岗位	
入职时间		绩效等级		预警期	
绩效改进计划	计划栏：主管须对下属进行绩效诊断，提出改进计划。计划应明确改进点、改进措施、时间进度和改善绩效的最终日期（一般而言为 30 或 60 天）				
	需要改进的绩效或调整岗位后的绩效目标（按重要性排列）		应采取的措施		应完成日期
是否调整岗位	□是　　　　　　□否 原岗位：　　　　　调整后岗位：				
改进情况	对照改进结果与预期的改进目标、期限作绩效改进情况评价，适当考虑改进的难度				
	部门经理：　　　　　日期：				
改进情况	□绩效表现有较大改善，可以胜任本岗位工作 □绩效表现未有明显改善，不能胜任本岗位工作 部门经理：　　　　　日期：				
员工签字确认	员工签名：　　　　　日期：				
复核者意见	人事行政部意见：			分管领导意见：	

员工绩效考核结果实战应用

我曾经问过我们公司的一名绩效专员："你认为绩效考核结果可以应用到哪些方面？"他回答说："无非就是正面或负面激励，如绩效薪酬、奖金、更多授权或降级等。"我相信有人会有不同的看法，会认为绩效考核结果的应用不仅限于此，这其中当然包括我。那么绩效考核结果要如何应用呢？我将和你们一起来探讨。

绩效考核在薪酬管理的应用

　　某公司最近开会表扬了一批优秀员工，并且颁发了"优秀员工"奖状，大家都很高兴，心想一定会有奖金奖励。过了两个星期，并没有要发奖金的动向，有的员工忍不住了，向人力资源部询问有没有奖金奖励，人力资源部说这次重在精神激励，奖状就是对你们工作成果最好的肯定。

　　优秀员工 A 听了，心想："家里上有老下有小的，努力工作就是为了赚钱，我要奖状干嘛，又不能当饭吃。"优秀员工 B 听了，心想："这个月又有两三个同学结婚，还想着有奖金，减轻下压力，这下没指望了。"

　　薪酬和绩效有着密切的联系，企业聘请员工，支付给员工薪酬，其目的是为了获得绩效。员工有了绩效，但薪酬与绩效不对等，员工肯定会有抱怨。在职场工作中，企业常常会将绩效和薪酬连接在一起，也就是我们常常都会听到的绩效薪酬。

6.1.1 考核结果可作为发放薪酬的参考

　　将考核结果与发放薪酬紧密挂钩的企业比比皆是，为什么这些企业要这样做呢？来看一个案例。

　　摩托摩拉公司的绩效考核体系是许多企业都广泛借鉴学习的，既然有其他企业学习，自然有可取之处。

在每个季度摩托摩拉会进行员工绩效考评，在每年年初会对上年度的业绩进行总评。而员工的薪水涨幅和职位提升都根据考评结果来确定。对于值得晋升的员工，公司会派遣到总部免费学习。另外，对于具有创造性的员工还会破格晋升。

如果员工对考核结果有异议，可以拒绝在评估结果上签字，为力求公正、公平，每张评估表都会由员工上级签字确认。如果员工认为自己的付出与收获不对等，也可以提出，人力资源部在核查后，若认为情况属实就会给员工涨工资。

从摩托摩拉的绩效考核可以看出，摩托摩拉评估的重点是员工的绩效，其很关注员工个人能力的提升，而促使员工提升个人能力的动力是薪酬激励。同时，辅以晋升、培训，这样员工既能得到期望的报酬，又能实现长远发展。

可以看出，摩托摩拉的薪酬和晋升都与考核结果有关，但摩托摩拉考核的目的绝不是为薪酬和晋升提供依据，其目的在于使个人目标和公司目标契合，实现员工的持续进步，以此实现公司和个人的长远发展。

借摩托摩拉的案例我想告诉大家，将绩效管理与激励体系联系起来，让员工看到考核会影响薪酬、晋升和培训，这样才能促进员工创造更多效益。

6.1.2 将考核结果应用于工资

考核结果出来了，如何发工资往往成了困扰人力资源部的难题。我们知道，不同岗位的员工为企业带来的贡献是不同，因此其工资的设计一般都会有梯度，如果一个企业所有员工的工资都是一样的，那么那些为企业付出更多的员工肯定会有怨言。为此，多数企业会将工资分为固定工资和浮动工资两部分。固定工资能保证员工基本的生活水平，而浮动工资要靠努力来获得。

浮动工资也被称为绩效工资或业绩工资，其与员工绩效挂钩，工资的多少由考核结果来决定。那么如果将绩效考核结果与浮动工资联系起来呢？常用的方法有以下几种。

（1）线性计算法

线性计算法是指根据绩效考核得分来计算绩效工资，其计算公式如下所示。

绩效工资＝绩效系数 × 绩效工资基数

下面来看一个例子。

某公司将员工的考核分数分为 A、B、C、D、E5 个等级，不同等级对应的分值和绩效系数如下表所示。

考核等级	A	B	C	D	E
得分	x > 120	100 ≤ x < 120	90 ≤ x < 100	60 ≤ x < 90	0 ≤ x < 60
绩效系数	120%	100% ～ 120%	100%	60% ～ 90%	0%

该公司的绩效工资基数为 2000 元，通过计算，可以得出不同考核等级下，员工的绩效工资，如下表所示。

考核等级	A	B	C	D	E
绩效工资	2400	2000 ～ 2400	2000	1200 ～ 1800	0

绩效系数和工资基数可根据企业实际情况设定，如绩效系数可设为 130%、100%、80% 和 50% 等，工资基数可设为 1000 元或 1200 元等。

线性计算法的优点在于简单、直接，不管是考核者还是被考核者，在得知绩效分数后，都可以很容易地计算出绩效工资，这种方法对大多数企业来说都是适合的。

在使用线性计算法时，最好将最高的绩效系数设置为大于 1，因为奖优罚劣才能更好地起到激励效果。

（2）强制分布法

为了避免绩效工资不可控，可将员工的绩效成绩由高到低进行排列，然后进行各等级的强制分布，再按对应的绩效系数和工资基数计算绩效工资，下面来看一个案例。

某公司根据考核成绩，将考核等级分为 A、B、C、D、E5 个等级，不同等级分布的比例分别为 10%、15%、50%、15%、10%。根据强制分布后的结果，设计了如下所示的绩效工资表。

考核等级	A	B	C	D	E
比例	10%	15%	50%	15%	10%
绩效系数	130%	120%	100%	60%	0%

该公司的绩效工资基数为 1000 元，通过计算，最终的绩效工资分布如下表所示。

考核等级	A	B	C	D	E
绩效工资	1300	1200	1000	600	0

强制分布法可控制企业的工资成本，缺点在于透明度不高，公平性欠佳。

（3）总额控制法

总额控制法是指根据企业业绩，给予各部门一个绩效工资总额，各部门根据绩效工资总额和绩效系数计算绩效工资。如下所示为某公司采用总额控制法计算部门员工绩效工资的过程。

某公司员工的工资由基本工资和绩效工资构成，基本工资、部门绩效工资总额和员工绩效工资的计算公式分别如下所示。

基本工资 = 岗位工资 ×80%（按月发放）

部门绩效工资总额 = 除总监外所有岗位人员工资总和 ×40% × 部门绩效考核系数

个人绩效工资 =（部门绩效工资总额 × 该岗位工资 × 个人绩效考核系数）÷（所有岗位工资 × 各自绩效考核系数之和）

总额控制法的优点在于可以控制绩效工资，可将员工工资与部门绩效联系起来。

6.1.3 要加薪还要减薪

管理的目的之一是奖优罚劣，根据绩效考核结果，决定基本薪酬的增加和减少，这种方式便是奖优罚劣的体现。下面来看一个案例。

某公司将绩效考核评级分为 A、B、C、D4 个等级，最终确定的加薪比例如下所示。

考核等级	A	B	C	D
评价	出色	优良	正常	需改进
加薪比例	10%	5%	0%	−5%

确定好加薪比例后，该公司将根据以下公式计算得出加薪的工资金额。

工资＝岗位基本工资 × 加薪比例

上述公司是以岗位基本工资作为加薪的基数，有的公司还可能以员工的实际工资与同行业工资的比率来确定加薪基数，但行业工资数据难以获得，因此常常以岗位基本工资为依据。

在实践绩效加薪时，要注意绩效考评等级的分布。因为在考评分布不合理的情况下，可能造成大部分员工都获得出色或优秀的评级，这样大多数的员工都可以获得加薪，如 85% 的员工都能获得加薪，最终会导致薪资成本增长过快。那么要如何避免这种情况呢？可通过采用以下两种加薪原则控制薪资成本。

◆ 薪资的增长速度不能大于利润的增长速度。
◆ 为核心产出职位的员工加薪，提高员工队伍素质。

6.1.4 考核结果与年终奖金的多少

每年接近年末，我总能看到关于公司年终奖的话题，大家都在讨论哪家公司的年终奖多么多么的诱人。虽然别人公司发年终奖与自己无关，甚至有的只有羡慕的份，但职场人士似乎仍乐此不疲。

为什么大家对年终奖这么关心和感兴趣呢？因为年终奖通常都很丰厚。

年终奖是奖金的一种形式，通过发年终奖，可以将短期激励和长期激励结合起来，因此不少公司都将月度绩效工资和年终奖结合起来，作为激励手段。

年终奖的多少与年度绩效考核结果有关，有的企业还会将其与工龄联系起来。下面以某公司的年终奖计算方法为例，来帮助我们理解年终奖是如何与绩效考核结果联系起来的。

一、年终奖计算方法

1.1 计算基数：员工标准工资；

1.2 考核系数：员工年终考核评定结果对应的数值（即考核系数）；

1.3 年度在职月数：指员工在此考核年度内所在职的月数，其中不满一月的按一个月计算；

1.4 计算公式：

员工、主管、专工级：

年终奖金 =（计算基数 ÷12）× 年度在职月数 × 考核系数

1.5 编外人员年终福利：

编外人员结合其工作表现情况，给予 200 元作为年终福利。

二、年终考核得分对应系数表

序号	考核得分	对应系数	序号	考核得分	对应系数
1	100 分	1.4	6	75 分～79 分	0.8
2	95 分～99 分	1.2	7	70 分～74 分	0.7
3	90 分～94 分	1.1	8	65 分～69 分	0.6
4	85 分～89 分	1.0	9	60 分～64 分	0.5
5	80 分～84 分	0.9	10	60 分以下	0

实践中，不是所有公司都会将年终奖与年度绩效考核结果挂钩。常见的年终奖的发放形式还有以下几种，这里提供给大家参考。

◆ 双薪制

双薪制是一种比较普遍的年终奖发放形式，顾名思义，双薪制是按员工平时月收入的数额在年末加发一个月工资额作为奖金。而有的公司还会加发两个月甚至是数个月的工资。

双薪制是一种有保证的奖金，一般来说只要员工年末时仍在岗，就可以按比例拿双薪，这种奖金更像是一种福利。

◆ 红包

有的公司规模不大，员工人数不多，绩效考核也比较简单，其年终奖通常由老板决定，没有固定的规则。老板会根据员工的表现来给员工发过年红包，大多数民营企业会采用这种年终奖发放形式。

除此之外，股权奖励、旅游奖励和补贴等也是较常见的年终奖发放形式。

6.1.5 绩效薪酬方案

工资、奖金、提成和实物福利等都是薪酬的组成部分，为规范绩效薪酬的发放，许多企业都会制作绩效薪酬考核方案，让员工明确绩效薪酬的发放标准。如下所示为某公司的绩效薪酬考核方案部分内容，提供给大家参考借鉴。

××公司薪酬绩效考核方案

一、总则

……

二、员工薪酬制度

2.1 薪酬体系

1. 年薪制：适用于公司总经理、副总经理及其他经总裁批准的特殊人才。包括基本工资、其他津贴、季（年）终绩效考核奖。

2. 提成工资制：适用于从事业务经营的员工。薪资包括基本工资、职务工资、岗位工资、工龄工资、其他津贴、提成工资、年终绩效考核奖。

3. 结构工资制：适用于中、基层管理人员、专业技术人员、后勤管理人员等。薪资包括基本工资、职务工资、岗位工资、工龄工资、加班工资、其他津贴、年终绩效考核奖。

4. 固定工资制：适用于工作量易于衡量的部分专业技术人员、后勤服务人员等，薪资包括基本工资、职务工资、岗位工资、工龄工资、加班工资、其他津贴、年终绩效考核奖。

5. 试用人员工资：试用期人员工资按既定的试用期工资发放，试用期内无浮动工资。

2.2 薪酬组成

员工薪酬由以下几部分组成：

基本工资、补贴、福利、其他奖、项目收益奖、业务提成(销售部门)、非物质奖励、季（年）度考核工资（年薪制）等（根据职务薪酬体系确定人员薪酬的组成）。

基本薪资：根据满足基本生活，岗位性质，工作能力等条件制定为固定工资，包括职务工资、岗位工资。

考核工资：由季度绩效考核和年终绩效考核组成，每季度末发放季度绩效考核工资，年终发放年终绩效考核工资（次年二月份左右，农历春节之前）。

补贴：公司统一制定各岗位相应补贴如交通补贴、电话补贴，及其他补贴。

福利：根据项目部相关福利规定发放的现金、物品等。

其他奖：项目部制定的有关奖项。因特定事项针对特定员工或部门发放的奖项，该奖项不完全针对全体员工。

项目收益奖：根据年度项目经营利润情况及各部门全年工作目标承诺，参考全年绩效考核分数，由项目部领导确定发放。

提成：根据销售提成制度发放。

非物质奖励：员工培训、荣誉表彰、外出旅游等。

2.3 薪酬计算与发放

每月薪酬＝基本工资＋季度绩效工资（年薪制）＋补贴＋福利＋其他奖＋提成（销售部）

全年薪酬＝每月薪酬＋年度绩效工资（年薪制）＋年终奖＋项目收益奖＋非物质奖励

基本工资：另附基本工资表

季（年）度考核：季（年）度考核工资＝季（年）度绩效工资基数 × 考核系数。

福利与补贴：见附表。

三、考核办法

……

3.3 考核分值确定

采取百分制记分法，季度重点工作、日常管理及工作完成情况分值为 100 分，全年工作计划及其他考核内容分值为 100 分。

员工个人考核得分＝部门考核得分＋员工通用准则考核得分。

考核系数：90 分（含）以上考核系数为 1；80 分（含）以上 ~ 90

分考核系数0.9; 70分（含）以上～80分考核系数0.8; 60分（含）以上～70分考核系数0.7; 50分（含）以上～60分考核系数0.6，如考核分数低于50分考核系数0.5，如考核分数极低，另行讨论考核系数但不高于0.5。

……

附1：季（年）度考核标准：适用于年薪制人员。

月基本工资＝年薪 ×60%÷12

季度考核基数 ＝ [（年薪 ÷12）×3]×40%×30%

年终考核基数＝年薪 ×40%×70%

6.2
绩效考核结果综合应用

看了前面的内容不知道大家有没有这样的疑问，难道绩效考核结果只能应用在薪酬中吗？当然不是。除薪酬外，绩效考核结果还可以应用于培训、人事调整和目标制定等。

6.2.1 基于绩效考评的培训开发

绩效考评结束了，公司要求各部门主管组织对本部门员工进行培训，以促进其能力水平的提升。

这时，罗经理犯了难，原因是罗经理不知道员工的培训需求点是什么，于是培训计划被搁置了下来。

试想一下，你是不是也遇到过类似的难题。许多企业都明白培训的重要性，于是组织了一次又一次的培训会，可是从员工反馈的结果来看，员工却表示培训对自己的帮助并不大。我相信每一家企业，每一位管理者都不愿意花费人力、财力做一场无意义的培训，如何让培训有效是我们都关心的问题。

要想使培训真正有效，需要对员工的绩效考核结果进行分析，了解员工的短板所在。前面我介绍过绩效诊断箱，这一工具同样适用于对考核结果进行分析，我们可以从知识、技能、态度和外部障碍 4 个方面分析员工绩效不佳的原因。

找到员工的短板后，培训需求点就清晰明确了，这时再因材施教地选择培训课题，制定出有针对性的培训方案，培训带来的效果自然会看得到。

在实际操作时，作为绩效考核的组织者，可以提供给各部门规范的培训需求表。各部门在递交培训方案后，人力资源部再根据公司要求或其他领导意见，结合公司的实际情况制定培训计划，组织培训。如下所示为某公司的培训需求表。

××公司培训需求调查表

填表时间：　　　　年　　月　　日

为使来年的培训计划更有针对性，满足公司未来发展和各部门生产经营活动的需要，使培训效果更好，请公司分管领导组织对部门员工分类分级开展广泛调查，尽量完整填写空白项目。人力资源部将充分考虑各部门和公司的需求，制定详尽、实用的培训计划和提供优质服务。

填好后请发邮件至：×××××，联系人：×××，联系电话：×××××。

一、培训需求调查

部门（公司）名称					
联系人		职务		联系电话	

1.公司战略发展需求培训项目（可针对年度发展规划）

序号	培训内容	培训对象	培训人数	培训形式	培训时间
1					
2	……（可另增行）				

2.岗位知识和技能需求培训项目

序号	培训内容	培训对象	培训人数	培训形式	培训时间
1					
2	……（可另增行）				

3.解决目前存在的主要问题的培训项目

序号	培训内容	培训对象	培训人数	培训形式	培训时间
1					
2	……（可另增行）				

4.员工个人发展需求培训项目

序号	培训内容	培训对象	培训人数	培训形式	培训时间
1					
2	……（可另增行）				

二、对公司培训工作有何建议与意见？

三、您部门内哪些人员可培养成为内部培训师？请推荐3～5名，并说明理由。

以上范例是针对部门或公司的培训需求表，针对员工还可以制作个人发展培训需求调查表，如表 6-1 所示为某公司的个人发展培训需求调查表。

表 6-1　个人发展培训需求调查表

姓名		职务		部门	
1. 职位培训					
您认为要做好您的工作，还需要接受哪些方面的技能培训？并请列出建议课程名称及内容概要。					
2. 提高培训					
您今后的职业发展目标是什么？为达到该目标，您认为您需要哪方面的培训？并请列出建议课程名称及内容概要。					
3. 直接主管意见					

6.2.2 运用于工作职能的匹配

在绩效评估完成后，不知道你有没有发现以下几个问题。

第一种，员工绩效表现不佳，不能胜任当前的岗位。

第二种，员工能胜任当前的岗位，但员工认为其他岗位更适合自己或员工更喜欢其他职位。

第三种，尽管员工能胜任当前的岗位，但绩效表现一般。

以上 3 种问题提醒我们，在进行绩效评估后，管理者要根据评估结果对员工岗位进行调整，以便人尽其才。

在进行岗位调整前，管理者要根据员工的绩效表现，对其岗位进行分析，以确定该员工是否适合该岗位。对于那些有调岗意愿的员工也要进行岗位分析，因为员工对自己的判断可能不准确，主观上认为自己能胜任某岗位，但实践后结果可能会不尽如意。

在对员工岗位胜任能力进行分析时，要结合绩效考核结果和员工平时的工作表现来进行分析。通过将员工的工作能力和潜力与目标岗位职责进行匹配，看其是否适合该岗位。如销售部的岗位一般要求有一定的抗压能力、商务谈判能力、表达能力和沟通协调能力等，若该员工平时不善与人交流，性格也不开朗，那么他就不适合从事这一岗位。而财务部的岗位一般要求具备财务、会计专业知识，工作细致，责任感强等，若该员工不具备财会专业知识，就不适合从事这一岗位。

完成岗位匹配度分析后，就可以着手进行岗位调整了。在进行调岗前，有必要对需要调岗的员工进行岗前培训，如行政部员工调岗至销售岗位，那么就必须安排其进行销售技能、商务谈判等方面的培训。

员工接受培训后，还需要评估培训结果，如果评估结果是该员工能胜任新岗位，那么便进行调岗，反之，只能回到原来的工作岗位。

利用绩效考核结果对岗位进行调整需要特别慎重，在具体操作时，要有计划的进行，需与人力资源部的规划保持一致，不能随意调整，因为频繁的岗位调整并不利于业务开展。另外，将绩效考核结果应用于岗位调整，要做到公开、公正、公平。

6.2.3 运用于人才晋升和淘汰

企业发展靠的是人才，人才是否能在企业长期待下去，看的不仅是薪酬，还有发展空间。

市场部小李是一家医疗器材公司的业务员，从小李毕业到公司已经 5 年了。小李工作很出色，经理经常公开表扬小李，表示小李为部门开拓业务做出了很大的贡献，不仅自己的业绩完成得很出色，还经常帮助同事。当然，公司在薪酬方面没有亏待小李，小李的薪资比同部门的同事都要高，但由于公司管理层职位是有限的，小李一直没有得到想要的晋升，他仍然是公司的业务员。就在这时小李向经理提交了辞职报告。

小李在辞职报告中说明了自己的辞职原因，他表示很感谢公司的栽培，但由于公司满足不了他对个人事业发展的追求，所以决定离开公司。而与此同时，另一家医疗器材公司向小李给出了更高的待遇。

在本案例中，小李通过努力获得了肯定，也为公司带来了业绩，必然会有更高的追求，而公司没有满足小李的这一追求，小李离职也是理所当然。

借这个例子我想告诉大家，对于企业的核心员工，除了要有短期激励，还需要长期激励，如晋升、职业规划和在职深造等，只有让员工自我价值得到实现，才能留住人才。

当然企业中不仅有人才，还有庸才，因此晋升晋级、降级淘汰都是需要的。许多企业都会将绩效考核结果应用于晋升和淘汰中，但如果处理不当也可能出现问题。在实行晋升晋级和降级淘汰过程中，应有明确的标准，什么情况下可以晋升，什么情况下将判定为降级，一定要让员工清楚明了。另外，对于无法胜任岗位工作的员工，可以给予一定的改进机会，若仍无法胜任，再淘汰。

如表 6-2 和 6-3 分别为某公司销售部员工晋升标准和降级标准。

表 6-2　某公司销售部岗位晋升标准

序号	岗位	晋升岗位	标准细则		
			个人业绩达标率	专柜业绩达成率	团队建设
1	导购员	店助	个人业绩达成 3 个月，业绩排名前两名	专柜业绩总和达成率 ≥ 80%	转正一名员工
2	店助	店长	个人业绩达成 3 个月，总业绩排名前三名	专柜业绩总和达成率 ≥ 80%	招聘一名新员工并转正或专柜流失率 < 2%
3	店长	区域督导	–	负责区域的各专柜业绩总和达成率 ≥ 90%	培养店助一名，转正新员工一名
4	区域督导	销售督导	个人业绩占负责专柜排名前两名	负责区域的各专柜业绩总和达成率 ≥ 90%	–

注：1. 晋升区域督导，所负责区域的专柜在晋升考核期内平均业绩达成率为 90%，奖 500 元；达成率为 100%，奖励 1000 元。

2. 晋升销售督导，所负责区域的专柜在晋升考核期内业绩完成率为 100%，奖励 500 元

表 6-3　某公司销售部岗位降级标准

序号	岗位	考核周期	标准细则				降级岗位
			个人业绩达标率	专柜业绩达成率	综合考评	团队管理	
1	店助	6 个月	≥ 80%	≥ 80%	≥ 75 分	专柜转正员工的流失率 ≤ 2%	普通导购
2	店长	6 个月	≥ 85%	≥ 80%	≥ 80 分	负责区域各专柜正式员工的流失率 ≤ 3%	店助
3	销售督导	12 个月	—	≥ 85%	≥ 85 分	—	店长
4	区域督导	12 个月	—	≥ 90%	≥ 90 分	—	销售督导
5	品牌经理	12 个月	—	≥ 70%	≥ 95 分	负责区域内销售督导以上岗位的流失率 ≤ 3%	销售督导
6	销售经理	12 个月	公司年度业绩 ≥ 70%		≥ 95 分	负责区域内的品牌经理岗位的流失率 ≤ 2%	品牌总监

6.2.4 运用于评优工作

有的企业在年度绩效考评工作结束后，还会根据考核结果评选优秀员工，给予优秀员工荣誉称号，以表彰先进，激励其他员工。荣誉员工称号一般会和物质奖励相结合，这类似于学校评选“三好学生”，获得“三好学生”的学生，不仅会得到奖状，还能获得钢笔、笔记本等物质奖励。

在评选优秀员工时，要确保公平、公开性，对于评选的原则、流程和奖项最好在全公司内公示，另外，评选的结果也要公开透明。不同岗位设立的荣誉称号可以不同，如销售岗位可以是销售明星，设计岗位可以是设计达人，针对团队还可以设立团队奖。如下所示为某公司优秀员工评选原则和条件要求。

"优秀员工"评选办法

一、评选原则

1.综合评估，择优推荐原则。

2.平等对待，一视同仁原则。

3.公平、公开、透明原则。

二、参选要求

必备条件：

1.候选人为总公司编册人员且在公司连续任职一年及以上的员工。

2.候选人必须在《员工绩效考核》等级中评定为优秀者。

3.遵守考勤纪律，年度出勤率在98%以上（不含年假、产假、丧假、婚假）。

4.认同公司理念，企业忠诚度高，积极维护公司形象。

5.以集体利益为先，有乐于协作、无私助人的团队精神。

6.工作热忱高、责任心强、踏实勤恳。

7.严格遵守公司各项规章制度，严于律己，注意个人修养。

运用工具为绩效考核做保障

一个企业的绩效考核方案是否科学、完善，不同的人会有不同的看法。回顾我自己的职业经历，去过许多大大小小的公司，也遇到了很多独具企业特色的绩效考核方案。我发现，其实大多数企业的绩效考核方案都离不开对各种绩效考核工具的运用。

组织绩效考核的几大工具

我在做培训和咨询的时候，曾与很多企业的管理者就"选择哪种绩效考核模式"这一话题进行讨论。在讨论中，我发现，有的企业的考核模式并不可取，而有的则用错了考核模式或在具体运用时出了错。

许多管理者并没有真正理解各种绩效考核模式的核心和关键程序，就将其运用到绩效管理中，结果导致了诸多问题，因此我认为有必要更深入地讲解绩效考核常用的几种模式，以便大家在实际操作中，能根据具体情况灵活、综合使用。

7.1.1　目标管理法

目标管理法的基本概念这里我就不介绍了，前面我已经说过了，如果你已经忘了，可以翻看前面的内容。目标管理法操作起来实用、简单，绩效管理认知度较低的各部门管理者都能很好地理解和使用，其关键程序有 4 个步骤，如图 7-1 所示。

| 设置目标 | → | 衡量目标 | → | 过程管理 | → | 绩效评价 |

图 7-1

首先确定的是企业战略目标，战略目标的确定要有具体的数量特征和时间界限，一般为 3 ~ 5 年或更长。在选定目标时，要注意从目标方向的正确程度、目标的实现程度和期望效益的大小3个方面来权衡。

战略目标确定后会进行目标的分解，确定某项目标将用于绩效考核后，要衡量实现目标所需的条件，以及实现后的奖惩事宜。

目标管理重视结果，强调自主，但不代表管理者可以放手不管，目标执行中的监控是有必要的。监控的内容包括员工的工作进度，目标的实现程度，必要时帮助解决困难问题，修正目标。

达到预定的期限后，进行绩效评价。下级先进行自我评估，提交自我评价表，然后上下级一起评估目标的完成情况。如表 7-1 所示为员工自我绩效评价表。

表 7-1　员工自我绩效评价表

姓名		部门		岗位	
任职时间		考核期限			
请按项列出本年度你的主要工作任务：					
请列出本年度你的主要工作业绩（数量化、事实化）					
绩效指标		目标值	完成情况		未完成原因
下一阶段工作任务或计划：					
自我评价				自我评分	

知识加油站

员工的自我评价可以让管理者了解员工对自我的认知，在一定程度上，也能避免管理者进行绩效评估时出现较大的偏差。进行自我评价并不表示要凭员工的主观判断来进行评估，而是需要员工提供依据，主要是员工的工作业绩和记录。

目标管理考核有许多优点，也有缺陷，如目标容易短期化、修正不灵活，若目标不合理那么绩效考核将没有成效。由此可见，目标管理法考核看起来简单，但真正要付诸实践，还需要管理者很好地去领会和理解它，才能更好地运用它。

7.1.2 关键绩效指标考核法

在我做培训的很多企业中，很大一部分都是采用的关键绩效指标考核法。关键绩效指标（KPI）以企业战略为中心，指标体系从设计到运用都是为战略达成而服务的，其关键程序如图 7-2 所示。

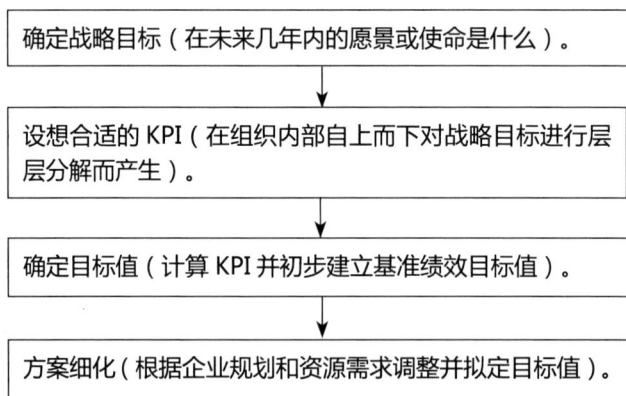

确定战略目标（在未来几年内的愿景或使命是什么）。

↓

设想合适的 KPI（在组织内部自上而下对战略目标进行层层分解而产生）。

↓

确定目标值（计算 KPI 并初步建立基准绩效目标值）。

↓

方案细化（根据企业规划和资源需求调整并拟定目标值）。

图 7-2

KPI 是通过层层分解而产生的，建立 KPI 指标的要点在于流程性、计划性和系统性。首先要确定企业级 KPI，即关键业务领域的关键业

绩指标，然后再确定部门级 KPI，最后再进行细分，分解为更细的 KPI
及各职位的业绩衡量指标，各职位的业绩衡量指标就是员工考核的依
据。在具体操作过程中，可利用头脑风暴法和鱼骨分析法找出企业的
业务重点，然后，再用头脑风暴法找出企业级 KPI。如图 7-3 所示为
企业级关键绩效指标确立分析图模板。

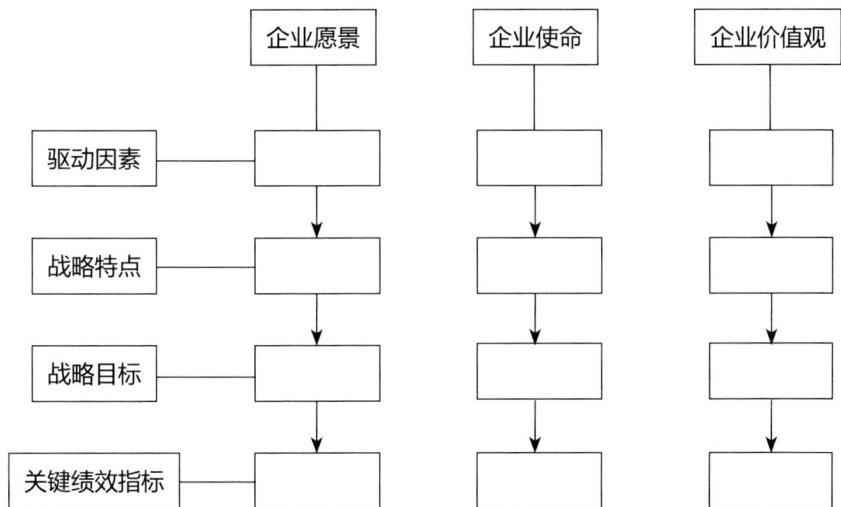

图 7-3

指标体系建立后，要对各指标设定评价标准，以解决被考核者如
何做，做多少的问题。最后，还有必要对指标进行审核，确保这些关
键指标能全面、客观地衡量被考核者的绩效。

KPI 不是目标，但却可以用于确定目标。从组织结果来看，KPI 系
统是一个纵向的指标体系，在对 KPI 赋值的过程中，会形成一个相对
应的纵向目标体系。通过层层剖解制定出的目标，会构建出一条"目
标线"，以确保战略目标有效落实。

在进行 KPI 设计时，一般都会遵循 SMART 原则，但在实际操作中，
往往会陷入以下误区中。

◆ 对具体原则理解的偏差导致指标过分细化

SMART 的 "S" 原则告诉我们，指标的设计不能模糊、笼统，于是有管理者将其理解为一定要尽量细化。但过分细化的指标可能并不能为企业创造价值，也就是说，这一细化的指标可能并不"关键"。如某企业为行政文员设定了一个考核指标：确保办公环境整洁。这一指标或许能用来衡量行政文员卫生管理的执行情况，但对企业创造价值来说，并没有多大的用处，若将其纳入 KPI 体系就是不合理的。

◆ 对可度量原则理解的偏差导致关键指标遗漏

SMART 的 "M" 原则告诉我们，绩效指标是数量化或者行为化的，于是有的管理者将其理解为所有的 KPI 指标都必须是量化指标。过分追求量化是不可取的，尽量使所有指标量化不代表不可量化的关键指标就不能被纳入 KPI 体系。如在一个企业中，销售部的大部分指标都容易量化，而人力资源部的指标往往不易量化。这时如果仍然过分追求可量化性，就可能导致一些不可量化的关键指标被遗漏，不能反映其工作中的关键业绩。

◆ 对可实现原则理解的偏差导致指标"中庸"

SMART 的 "A" 原则告诉我们，绩效指标要在付出努力的情况下可以实现，不能过低，也不能过高。于是有的管理者为避免两极化，就喜欢选择均值作为指标。如某企业 2017 一年的销售收入大约是 1000 万元，该企业预估 2018 年的销售收入为 1200 万元～1600 万元，于是管理者将两者的平均数 1400 万元作为了考核指标。1400 万元这个指标看起来很"中庸"，但与通过努力就可以取得 1600 万元的销售收入相比，激励是不足的。实际上，既然企业有实力通过努力实现 1600 万元销售收入，那么就可以选择 1600 万元作为 KPI 指标，这样才能起到激励作用。

◆ 对时限性原则理解的偏差导致考核周期过短

SMART 的 "T" 原则告诉我们，要为完成绩效指标设定特定期限。于是有的管理者认为，为了能及时了解员工的工作情况，考核周期要尽可能的短。其实，不同的指标应有不同的考核周期，有的指标可以每季、每月，甚至是每周考核一次，但有的指标却要较长的时间才能看到成效，如一年。

7.1.3 360 度考核法

360 度考核法的特点是评价维度多元化，许多企业首次引进 360 度考核法，大多委托专业的顾问公司来进行，因为 360 度考核具体操作起来是有技术含量的。360 度考核的关键程序如图 7-4 所示，每一步都影响着考核的成败。

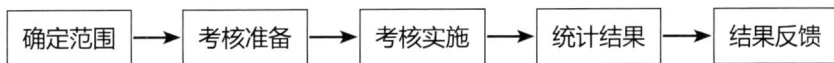

确定范围 → 考核准备 → 考核实施 → 统计结果 → 结果反馈

图 7-4

（1）确定范围

确定范围是指确定考核的范围，即被考核者是哪些，同时要明确考核的目的，让考核者和被考核者理解和认识 360 度考核，建立起对该考核方法的信任，这样才能使被考核者接受和认可评估结果。

另外对考核者和被考核者实施 360 度评估反馈技术的培训，还能避免考评结果受个人主观因素的影响。

（2）考核准备

考核范围确定后，要决定考评项目和内容，如决定考评中层管理者，那么团队建设、业务能力和沟通协调等可能就是考核的指标。然后再根据这些指标制订主要行为，如善于建立同事之间的合作与信任，妥善处理人际冲突、对本行业市场和竞争对手有充分的了解和把握等。

确立考评项目和内容后，就可着手进行问卷设计了。问卷题目可从岗位职能的主要行为来挑选。至于题目的多寡，要根据需要考评的项目的多少及填写问卷所需的时间来确定。如需要考评的指标有 5 个，每个指标有 5 个题目，那么总共就有 25 道题，回答这一问卷可能需要 10 ~ 25 分钟。

问卷设计完成后，可以请些许人员进行测试，以确定是否需要进行问卷题目的调整。问卷的形式有多种，如纸质问卷、电子问卷和网络在线评估等，企业可以根据自身情况选择问卷形式。

（3）考核实施

360 度考核的评估者有本人、上级、同级、下级和相关客户，对于同级、下级和相关客户的评估，最好采用匿名评价的方式，并且保证匿名评估结果的保密性。在匿名评价的前提下，人们更愿意提供更真实的信息。另外，考核的权重也要有所侧重，要保证上级占有较大的权重。

除此之外，要保证科学性，如评估报告要求某类评估者人数不能低于 3 人，那么如果该类评估者少于 3 人，就不能将其评估结果单独呈现。如某评估报告中有以下内容。

各维度分布情况：

评估组	权重	已邀请	已评估
上级	40%	1 人	1 人

续表

评估组	权重	已邀请	已评估
平级	30%	4 人	4 人
下级	20%	5 人	1 人
自己	10%	1 人	1 人

如果下级只有一个测评人，该维度的分数不显示，用"-"替代，但该分数计入总分。如果某个级别没有评分，则为空。

（4）统计结果

多维度进行考核评估后，要统计考核结果并进行分析，这时的保密性也很重要，因为问卷收集者会接触问卷，这也是为什么有的企业会委托第三方咨询公司来执行考核评估的原因。统计出各维度的得分后，就要计算出综合得分，如在某评估对象的个人评估报告中，可以看到以下评分结果。

各指标分维度得分：

指标	上级	平级	下级	自己	综合得分
充分授权	3.67	4.42	3.39	4.33	4.01
辅导下属	4.20	4.10	3.96	3.60	4.06
沟通协调	4.20	3.85	4.00	4.00	4.04
目标协定与执行	4.67	4.25	3.93	4.00	4.33
团队建设	3.80	4.15	3.96	4.00	3.96
业务能力	3.40	4.00	4.32	3.60	3.78
影响他人	3.25	3.63	3.65	3.75	3.49
员工激励	4.00	4.00	3.80	4.75	4.04
职业素养	3.17	4.13	4.07	4.00	3.72
综合	3.82	4.06	3.96	4.00	3.94

计分规则：

1. 题目得分：该题目的各维度平均值加权（维度权重）和。

2. 指标得分：先计算该指标下所有题目的分维度平均分，再分维度计算该指标的平均分，最后计算各维度加权和。

3. 综合得分：各指标加权和得到综合得分。

（5）结果反馈

反馈是一个很重要的环节，这一步要让被考评者知道考评结果，明确自己的优缺点。但如果处理不当，可能会导致参与者对考评系统产生怀疑。

7.1.4 平衡记分卡

平衡计分卡能将战略和绩效有机结合，因此，人们通常称平衡计分卡是加强企业战略执行力的绩效管理工具。平衡计分卡将企业战略分解为财务、客户、内部运营、学习与成长 4 个角度，并以此建立绩效衡量指标。

（1）财务层面

财务维度可以体现企业战略的实施对盈利的贡献程度，财务目标与盈利能力有关，不同成长周期的企业，其财务目标会不同，因此适合的绩效衡量指标也会不同。如表 7-2 所示为常见的财务类关键绩效指标。

表 7-2　常见的财务类指标

关键绩效指标	计算公式
总资产报酬率	净利润 ÷ 总资产
存货周转率	销售成本 ÷ 平均存货
投资回报率	年利润 ÷ 投资总额
销售目标达成率	实际直接销售收入 ÷ 计划收入
成本费用利用率	利润总额 ÷ 成本费用总额
现金流动负债率	现金存款 ÷ 流动负债
应收账款周转率	赊销收入净额 ÷ 应收账款平均值

（2）客户层面

企业的获利来源于客户，客户层面使管理者能够了解自己的目标客户和市场。如何对客户层面进行衡量，很多企业会从以下 5 个方面来度量，如图 7-5 所示为核心顾客度量及因果关系链。

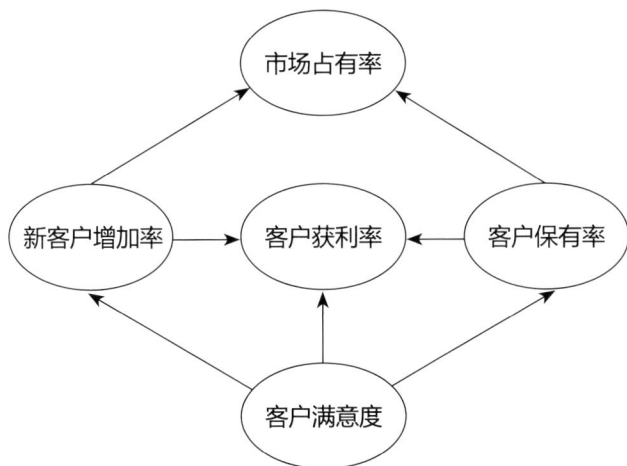

图 7-5

常见的客户类关键绩效指标有以下一些。

◆ 市场占有率或市场份额。

◆ 相对市场占有率。

◆ 新客户开发率。

◆ 品牌知名度或美誉度。

◆ 顾客满意度。

◆ 潜在客户转化率。

（3）内部运营层面

在内部运营层面，要抓住组织擅长的关键的内部流程，企业通用的流程包括创新流程、日常运营流程和客户管理流程。这些流程能够支持财务和顾客目标的实现。

◆ **创新流程**：指通过了解客户需求来决定是否开发新产品或进行产品改进的过程。

◆ **日常运营流程**：从企业接受客户订单，到生产、交货或提供服务等活动都属于日常运营流程。

◆ **客户管理流程**：是企业开发客户、培养客户、获得客户和保有客户所进行的一系列活动。

常见的内部运营关键绩效指标如下所示。

◆ 产品开发所用时间。

◆ 成品率、次品率和返工率。

◆ 售后服务。

（4）学习与成长层面

学习与成长层面确立了未来成功的关键因素，它关注的是企业的长远发展。员工的成长是企业的无形资产，前面3个层面获得的成果离不开学习与成长层面的驱动，常见的驱动因素如下所示。

◆ 员工满意度。

◆ 员工保持率或忠诚度。

◆ 员工培训、晋升和轮岗。

平衡计分卡是从以上 4 个层面对企业战略管理的绩效进行财务与非财务的综合评价，该考核方法的关键程序如图 7-6 所示。

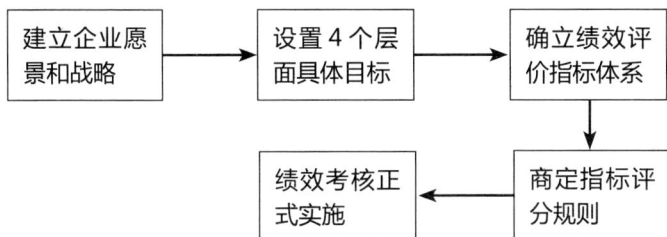

图 7-6

7.2 灵活运用绩效考核的方法

了解了各种绩效考核模式的关键程序和核心内容，不要以为你就可以成为专家了，在具体实践中想要灵活运用并不是一件容易的事，这需要企业和管理者不断实践、不断总结，从教训和失败中汲取经验，从而让企业的绩效管理越来越成熟。经过这些年职业经历的积累，对于绩效考核，我也有了自己的一些看法和心得，这里分享给大家，希望有所帮助。

7.2.1 哪种绩效考核工具效果比较好

"哪种绩效考核工具比较好"是许多刚开始接受培训的学员比较喜欢问的一个问题，他们似乎认为只要我回答什么工具更好，就可以直接拿来用。

实际上，前面介绍的几种考核模式都各有一定的适用范围，企业要结合实际进行选择。另外，考核的模式并不是一成不变的，如有需要还可能几种考核模式结合起来使用，如某企业在对销售部进行绩效考核时采用的是目标管理法，因为销售岗位业绩目标单一，容易量化。而对经理以上人员进行考核则采用的是平衡计分卡，因为平衡计分卡能实现短期目标和长期目标的平衡。如表 7-3 所示为不同绩效考核模式的优劣势和关键要求。

表 7-3　不同绩效考核模式的优劣势和关键要求

绩效考核模式	关键要求	优势	劣势
目标管理法	建立目标的程序必须准确、严格	适用范围广，比较通用，有助于目标落实和成果达成	缺乏过程管理，目标设定对管理者的分析能力和判断能力要求较高
关键绩效考核法	指标要能反映绩效，并易于提取，对指标的评价需要大量数据的支持	目标明确，易于达成企业要求，有助于进行量化考核	指标的选择有一定的难度，需形成指标体系
360 度考核法	对全体员工的培训要到位，对考核者的综合能力要求较高，且需要投入大量的人力、物力	与传统考核相比，增加了下级、同级和客户的评价。可以看到多种评价信息，能更全面评估员工，有助于个人全面发展	实施难度较大，成本高，实施周期较长，定性考核较多

续表

绩效考核模式	关键要求	优势	劣势
平衡计分卡	企业战略目标要分解准确，需要大量的数据作支撑	引入了非财务指标，有利于持续改进和创新	指标权重分配困难，指标量化工作难以落实，实施的成本较高

认真分析了这几个工具后，你会发现，这几个工具其实是有交叉的。如在使用 360 度考核法、平衡计分卡或目标管理法时，其实都存在 KPI 指标的选取和设立。再比如，在对 KPI 指标进行梳理时，你会发现是按照平衡计分卡的 4 个层面来展开的。

7.2.2 建立 KPI 指标体系

建立 KPI 指标体系一般有两条主线，一条主线是对组织结构进行分解，从目标到手段的方法；另一条主线是对主要流程进行分解，从目标到责任的方法。基于这两条主线，一般有 3 种方式来建立 KPI 指标体系。

（1）依据不同部门所承担的责任来建立

该方式从部门本身所承担的责任出发，对企业目标进行分解，从而构建指标体系。优势在于强调了部门的参与，但可能会导致战略稀释，如表 7-4 所示为以部门为责任来构建的指标范例。

表 7-4 以部门责任构建 KPI 指标范例

部门	指标侧重	指标名称
人力资源部	招聘计划指标	招聘计划完成率
	员工流动管理指标	员工自然流动率、关键人才流动率、员工满意度

续表

部门	指标侧重	指标名称
市场部	市场份额指标	市场占有率、销售增长率、销售目标完成率
	客户服务指标	客户回访率、客户档案完成率、客户保有率、客户满意度
技术部	成本指标	设计损失率、技术改造费用控制率
	质量指标	项目及时完成率、设计错误再发生率、产品质量检验达标率
	竞争指标	新产品立项数量、新产品投入市场的稳定性
生产部	成本指标	原材料损耗率、设备利用率、设备故障率、设备生产率
	质量指标	产品质量合格率、重大质量事故次数

（2）依据职类职种的划分来建立

该方式突出了对组织具体策略目标的响应，但会增加部门管理的难度，依据职类职种划分的指标更多的是结果性指标，如图7-7所示为用鱼骨法构建指标示意图。

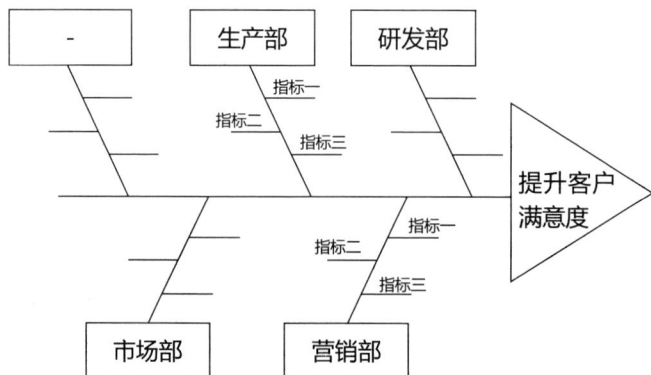

图7-7

（3）根据平衡计分卡来建立

根据平衡计分卡来构建 KPI，就是从财务、客户、内部运营、学习与发展 4 个维度来设计。利用平衡计分卡设计指标，你会发现指标非常多，指标所涵盖的范围也较广。如果直接对所有指标都进行跟踪的话，管理者的工作量会很大，因此还要从中找出企业当期重点关注的绩效指标。通常会采用以下 3 种方法来选择指标。

标杆基准法。以竞争对手或行业领先企业的关键业绩行为作为基准，将企业自身的关键业绩行为与其进行比较或评价，分析这些企业绩效形成的原因，找出其中的差异，从而确定企业成功的关键领域，选择出 KPI。

关键成功因素分析法。通过分析一个企业成功的关键因素并层层分解，从而选择出 KPI。

策略目标分解法。确定企业的战略目标，找出关键战略价值驱动因素，进而确定关键岗位和部门，由此选择 KPI。

7.2.3　确立平衡计分卡的指标权重

指标权重分配困难是平衡计分卡的一大劣势，确定指标权重的一个简单方法是专家打分法，即组成专家小组进行权重评分。专家小组的构成要合理，既要有本企业的中高层管理者，也要有基层管理者或员工，另外，最好还要有熟悉本行业的专家。

在进行权重选择时要根据企业的发展阶段来选择，如高新技术型企业，其技术更新很快，因此学习与成长维度的权重要较大，这样才能保证企业的技术创新不落后于他人。而对大型企业来说，如集团公司，其运作流程的顺畅很重要，因此内部运营维度所占的权重会较大。对金融企业而言，财务尤为重要，因此财务层面所占权重要更大。如图7-8所示为万科平衡计分卡的指标设计和权重占比。

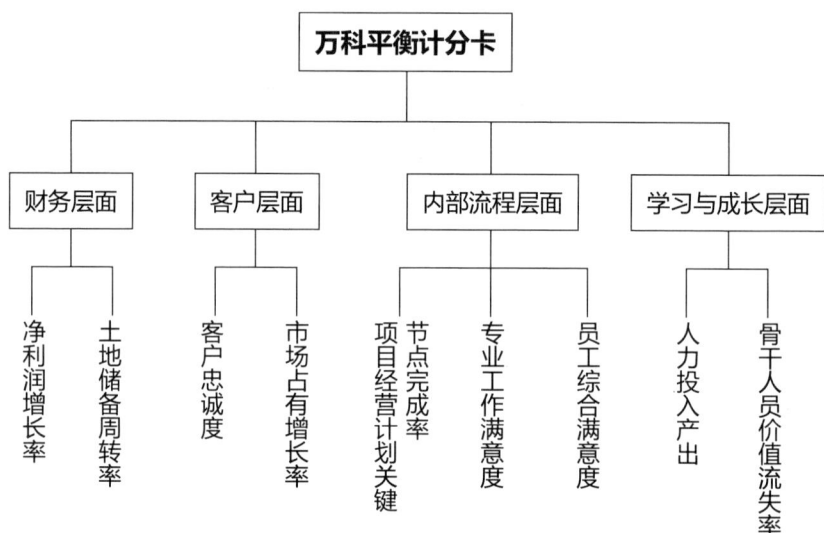

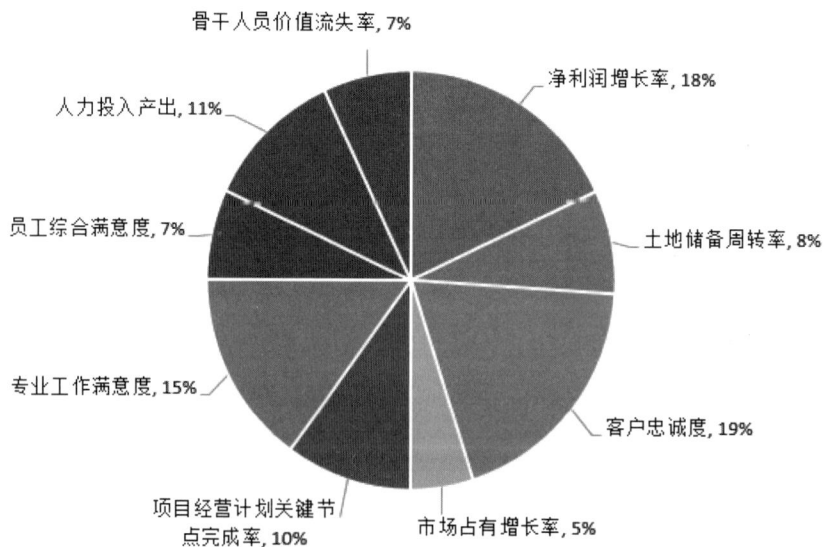

图 7-8

7.3
员工绩效考核的重要工具

对员工进行绩效考核的工具有很多，如何针对岗位灵活运用这些工具是对管理者的考验。

7.3.1 与员工建立绩效考核契约

什么是绩效契约？我的理解是能左右员工行为的工具。如果要细分，可以将其分为劳动合同、岗位合同和心理合同。

◆ 劳动合同

劳动合同是劳动者与用人单位之间确立劳动关系，明确双方权利和义务的协议。根据《中华人民共和国劳动法》规定用人单位自用工之日起即与劳动者建立劳动关系，应当订立书面劳动合同。劳动合同是员工与企业建立的第一层契约，这一契约让员工与企业联系起来，员工通过付出劳动获得企业的报酬。

◆ 岗位合同

岗位合同可以理解为工作标准，员工进入工作岗位后，需要根据工作岗位的要求完成工作内容，这样才能获得应得的报酬。岗位合同可以是一份真的合同，但也可能并不是一份真正的合同，企业制定的各种考核标准和员工手册，实际上都是岗位合同的一部分。根据岗位合同的内容，员工清楚了自己的职责是什么，也知道要达到怎样的标准以及做到什么程度能获得什么。

◆ 心理合同

优秀的管理者都会与员工建立心理合同，这一层契约虽然没有任何书面文字来约束，但常常比书面文书更有效。心理合同反映了员工对企业的认可度和忠诚度，如果员工对企业不认同，所有的书面文书都将成为摆设。

企业对员工进行绩效考核，建立上述 3 层契约是很重要的，每一层都是必不可少的。

7.3.2 关键事件描述的 STAR 法则

在对员工的绩效考核中，评判优秀员工和落后员工的其中一个重要要素就是员工的关键事件。关键事件作为很重要的评价依据，如何记录和描述就很重要了。在对员工进行关键事件描述时，可以使用 STAR 法则。

STAR 法则常常被面试官使用，STAR 是 Situation Task Action Result 的缩写，具体含义如下所示。

◆ Situation：情景，事情是在什么情况下发生的。

◆ Task：任务，如何明确此次任务。

◆ Action：行动，采用了什么样的行动方式。

◆ Result：结果，最终结果是怎样的。

下面来看一个关于 STAR 法则的案例。

小王是公司客户服务专员，主要负责客户杂项业务的处理。今年 5 月份，小王接手了某客户杂项业务的处理，该业务的周期较长，预计需要一周才能完成，业务处理的内容主要包括快件、普货的清关。当前，该客户所需的产品较为特殊，对货物的需求也很急迫，要求 4 天内完成通关。

针对客户的情况，小王制定了相应的措施，最后将通关完成时间缩减到了 3.5 天。经理知道后决定记录这个关键事件，运用 STAR 法则，经理是这样记录小王的关键事件的。

S：通关产品较为特殊，客户要求 4 天内完成通关，但对现有流程进行梳理，预估需要一周才能完成。

T：完成通关业务。

A：小王通过对影响操作时间的原因进行分析，发现了影响通关时间的原因主要是与客户沟通不到位，以及等待客户的时间较长。针对沟通不到位的问题，小王罗列了所需事件清单，并耐心与客户交流，与客户共同讨论缩短通关时间的方案。针对等待客户的时间较长这一问题，小王建立了跟踪表，设定了时间节点，并将不同的时间节点设置为不同颜色，定期提醒客户进行追踪。

R：最终，小王将通关完成时间缩减到了 3.5 天，客户觉得小王真的很为他们着想。

上述案例就是利用 STAR 法则对关键事件进行记录。用该法则记录员工的关键事件可以做到有理有据，时间、地点、人物、行为以及结果都很清楚，能为绩效考评提供有力的打分依据。

7.3.3 管理评价中心法

现代人才测评理论认为，人的行为和工作绩效都是在一定的环境中产生和形成的。所以，要准确的评价一个人的素质，就要将其纳入一定的环境中。基于这种理论形成了评价中心法。

评价中心法最先被用于评价高级管理人员，目前，很多企业都将其用于人员测评。比较典型的评价中心法的测评内容如下所示。

情景设定。为被评估者设定一个小型案例。被评估者将拿到一个"文件筐"，这个"文件筐"中装了各种工作计划、备忘录、待处理材料以及其他需要解决的问题的清单。

无领导小组讨论。被考评者针对某一议题共同参加讨论会，在讨论会上，考评者要注意观察被考评者的行为，了解其领导能力、反应能力和解决问题的能力等。

个人演说。指定一个题目，让被考评者准备一个简单的演说，来评价其沟通技能和说服能力。

客观测试。利用各种类型的测试题，如人格测试题、智力测试题、兴趣测试题，来测量被评价者的心理素质、兴趣和智力等，这一方法在实践中已广泛运用。

集中评价。各个测评项目的考评者集中在一起，研究、讨论每一名被考评者的评价结果，形成一致的评价意见后，写出书面报告。

评价中心法更多地运用于评价个人能力，难以运用于评价个人过去的业绩，该方法的具体运用有一定门槛，考评者一般需经过训练才能掌握这一评价技术。

CHAPTER

08

如何处理员工的绩效投诉

在多年的工作中，我经常会面对员工对绩效考核的各种投诉。A 问我："为什么我的考核结果是 D？" B 对我说："我受到了不公平的对待。"面对各种各样的投诉，如何处理是一件令人头疼的事，结合多年的绩效投诉处理经历，我想和大家谈一谈我的经验和心得。

常见的投诉有哪些

我相信，不同的管理者遇到的绩效投诉问题都或多或少有所不同，但仔细分析，你会发现常见的投诉是惊人的相似。任何绩效考核方案都有令人不满的地方，因此，应该明确一点，遭遇绩效考核投诉是很正常的。

8.1.1 对自身的考核结果不满意

每到年终绩效考核结果公布，定会引起员工热议，这时人力资源部也会忙碌起来，因为总会有员工跑来投诉，找说法。此时，你可能会收到以下投诉。

①主管从来没有提出说我做得不好，为什么考核结果却是不合格。

②前段时间经理还表扬了我，怎么考核结果只是合格。

③我做得应该比 ×× 好，为什么他得了 A，我只得了 B。

④我和 ×× 的业绩差不多，怎么拿到手的绩效工资要低得多。

⑤经理不公正，就是因为上次和他的看法相悖，他就给了很低的评分。

⑥没有完成目标不应该是我一个人的责任，这和整个团队的实力有关。

⑦奖金比我预期的要少，我被"无故"扣分了。

绩效管理中，对自身考核结果不满是最常见的绩效考核投诉原因，所占比例最高。这主要是因为考核结果与员工的薪酬、晋升和培训等息息相关，而这些都是员工最为关注的。在对考核结果的投诉中，员工往往认为自己的表现高于评价结果。

面对绩效考核结果的投诉，首先需要接纳员工的感受。一般情况下，如果不是绩效考核结果与员工自己的心理预期偏差太大，或是员工有很大的怨言，员工是不会投诉的。因为投诉毕竟会影响其与上级的关系，所以员工的投诉都会很慎重。面对投诉如果采取不重视的态度，这势必会加深与员工的矛盾。

其次，分析矛盾的根源。在初期，这一工作可以交给考核主管。作为员工的直属上级，应该与员工开诚布公地进行沟通，了解是被考核者自身对考核结果缺乏理解，还是绩效面谈不到位，或是缺乏过程沟通和反馈等原因造成员工对考核结果不满。员工如果认为扣分不合理，那么问清楚他的想法，根据考核统计收集的材料，按照考核标准与员工一起算一算考核结果，让员工了解自己为什么被扣分，以及扣分的依据，让员工对考核结果心服口服。

若员工与主管沟通失败，则由人力资源部介入，从客观的角度来判断考核结果是否存在不合理。

第三方介入时应该审查绩效评定程序是否公正，如员工是否得到了自评的机会，上级的评价是否是综合了员工整个考核期的表现，考核结果是否提交了管理层审批等。

如果确定评定程序有失公正，那么可以让双方按照正确考核程序重新进行测评。如果评定程序是公正的，那么可以让双方各自说明理由并进行客观评判。经考察后如果发现上级确实有打击报复、随意评低分等行为，那么就要重新评定员工的考核结果，主管要承担相应的责任。

若经过审视后，认为员工的考评结果应维持原先的结果，那么要与员工进行正式沟通和解释，让员工消除误解。

8.1.2 员工对绩效考核制度的不满

对绩效考核制度不满也是常见的绩效投诉，这种投诉常出现在绩效管理实施初期或考核方案变革的阶段，此时，员工可能表现出抵制绩效考核，不配合主管工作等行为。造成员工对绩效考核制度不满的原因有多种，如员工对绩效考核本身理解有偏差、企业的制度不健全、绩效目标制定不合理等。

企业在推行绩效考核制度的初期，员工的"大锅饭"思想还没有完全转变，就会认为绩效考核对自己不利，因而抵制考核；有的员工则对考核模式理解不一致，如对平衡计分卡或关键绩效指标理解不到位，认为这种考核模式并不科学；有些员工对考核指标设置不满意，认为指标标准违背了实际；另外，还有员工对考核制度表现不满，认为奖惩不分明。

对于员工向考核制度提出的质疑，仍然应该正视和重视，因为这些投诉可能正是绩效管理的症结所在。有关部门可以与员工一起就投诉进行探讨，找出员工对考核制度不满的根源，再针对这些问题提出解决方案。如果是考核设计不合理则对考核指标、程序等进行调整；如果是理解上的问题，就加强培训、宣传和沟通，让员工认识到绩效考核的重要意义。

8.1.3 对绩效结果应用的不满

在我工作期间，我曾收到过这样的投诉："我认为公司对我的薪资调整不合理。"与该员工进行沟通后，我发现该员工之所以认为薪资调整不合理，是因为没有认识到自己在考核期内的主要工作成绩与不足。当我有理有据地告诉他薪资调整的理由后，该员工低下了头，同时也认识到了绩效考核对他会产生怎样的影响，后来我发现该员工的工作得到了明显的改善。

从该员工的投诉可以发现，考核结果的应用并不是真的不合理，而是员工对绩效结果没有认同。这告诉我们对绩效结果的认同要先于绩效结果的应用。当员工对绩效结果应用有异议时，首先应了解员工是否真的认同了考核结果。只有员工认同考核结果，结果的应用才能真正起到作用。

在员工认同考核结果的基础上，若员工还是对结果的应用不满，此时就需要针对员工提出的问题进行具体分析，了解是结果应用存在问题还是员工没有认识到绩效结果与模块应用之间的关系。

如绩效结果仅与员工工资挂钩，考核无下限但有封顶，要是考核结果稍有不佳绩效工资就为零，而奖励最多也只有绩效工资的1/3，这样算下来，被考核者是奖少罚多，当然会有不满，而这就是结果应用存在的问题。

要让员工理解绩效结果与模块应用之间的关系需要加强沟通，建立公开透明的管理制度，让员工对自身行为结果有正确的预期，明确绩效结果与晋升的关系，了解工资是否完全由业绩决定，认识到调薪与奖金的依据是什么。

建立有效绩效申述机制

在我培训的学员中，其中有学员有过这样的错误看法，他认为绩效投诉就是没事找事，觉得没有建立绩效申述机制的必要。后来我向他分析了绩效申述的作用，他及时纠正了这种错误观念。

而有的学员认识到了绩效申述的必要性，但在具体执行时做得并不好。记得有个学员曾很高兴地对我说："他们公司没有申述。"但据我了解，他前不久还向我反馈员工私下有牢骚。在与他就"没有申述"进行沟通后，我发现实际情况是这样的：虽然该公司员工没有公开进行申述，但并不表示没有意见，而是不敢申述，怕得罪人，怕上级报复，因此只得私下发牢骚、议论。

没有申述，其实是一种不正常的现象，我们不要求员工没有申述硬要去申述，但如果有意见不敢提那就有问题了。要让员工敢于申述，这才是健康的绩效考评状态，而这需要有效的申述机制来保驾护航。

8.2.1　员工申述制度设计

为了更公平公正地处理员工的申述，建立完善的申述制度是很有必要的。一般来说，绩效申述制度要包括申述的范围、申述流程和申述途径等内容，如下所示为某公司的绩效申述制度，以供参考。

员工申述制度

第一条 目的

1. 全面、客观、公正地评议各部门及其人员的工作表现、工作实绩。

2. 拓宽监督、评议的渠道，公司全员共同参与，增加绩效考核工作的透明度。

3. 使绩效考核工作更加民主化、科学化、规范化。

4. 为了确保绩效考核质量，保障员工的合法权益，对有偏差的绩效考核及时纠正。

5. 加强企业文化建设，构建互相促进、良性竞争、和谐向上的工作氛围。

第二条 适用范围

本制度适用于公司所有在职员工。

第三条 原则

申述人应根据事实，按照本制度的规定进行申述，如经查证表明申述人有欺骗行为的，公司将依据相关规定进行处罚，申述受理人应在保密的原则下，对申述事件给予严肃认真对待，保证员工的正当利益不受侵害。

第四条 申述范围

在绩效考核过程中，员工可对以下方面进行申述。

1. 对自己的考核结果不满或者有异议的。

2. 对自己的考核过程不满或者有异议的。

3. 对他人的考核结果不满或者有异议的。

4. 考核者考核操作不规范的。

第五条　申述方式

员工可采取匿名或者实名的方式进行申述。

第六条　申述途径

1.员工可直接向人力资源部提交申述书进行申述。

2.员工也可通过公司公布的申述电话和申述信箱进行申述。

第七条　申述有效期

申述有效期为绩效考核沟通结束后的五个工作日内，遇到节假日顺延。

第八条　提交申述

员工如对考核结果不满，可以采取书面形式向人力资源部提交《绩效考核申述表》，员工应将申述人姓名、部门、申述事项、申述理由填写清楚。

第九条　申述受理

1.受理的申述事件，由人力资源部作为独立的第三方向申述者直接上级的上级领导、申述者的直接上级和申述者本人了解情况，对员工申述的内容进行调查核实。

2.人力资源部将根据核实结果，与该员工所在的部门经理、员工本人三方共同协商并寻求解决纠纷的办法。

3.若三方达成一致协议，进行签字确认，人力资源部将申述解决结果报人力资源部总监审批。

第十条　二次申述

1.若三方仍未达成一致协议，员工可进行二次申述。二次申述由人力资源总监负责处理。

2. 在二次申述中，三方若达成一致协议，申述解决结果由人力资源总监报总经理审批。

第十一条 申述的回复。

如属匿名申述无法直接回馈申述人受理及处理情况的，以月申述汇总公告表的方式公告回复申述人。

第十二条 申述期内考核结果的效力

员工对绩效考核结果不满而提出申述的，申述期间，原考核结果及处理决定依然有效，相关部门必须按规定执行。

第十三条 申述的驳回

员工申述过程中出现以下行为，人力资源部将驳回申述，并视影响程度对申述人员予以处理。

1. 无适当理由，超过申述期限的。

2. 对于申述事项无客观事实依据，仅凭主观臆断的。

3. 故意捏造事实，诬陷他人的。

4. 其他违背申述公平的。

第十四条 对申述人的保护

任何人不得以任何借口对申述人进行打击报复。如发现对申述人进行打击报复的，公司将依制度严惩相关人员。

第十五条 保密规定

对于泄露、散布申述事件或者申述人的相关信息，造成不良影响或申述人受到报复的，应给予信息泄露人相应的处罚。将造成严重后果者（如恶性报复、打架滋事等）送公安机关处理。

第十六条 本制度由人力资源部制定，其解释权和修订权归其所有。

第十七条 本制度自发布之日起正式实施。

8.2.2 员工申述表的制作

从前面的员工申述制度范本我们可以看出绩效申述的大致流程，而被考核者提出申述的书面文件是绩效考核申述表，如表 8-1 所示为员工申述表范本。

表 8-1 员工申述表范本

申述人		职位		直接上级	
部门		所属单位		申述时间	
绩效考核申述栏					
绩效考核申述事件：					
绩效考核申述理由：					
主管处理意见： 签名：				日期：	
人力资源部处理意见： 签名：				日期：	
经理处理意见： 签名：				日期：	
申述人签名：				日期：	

针对申述表还可以添加备注，如以下说明。

备注：经理处理意见为最终处理意见。

1. 申述人必须在知道考核结果 3 日内提出申述，否则无效。

2. 申述人直接将该表交人力资源部。

3. 本表一式 3 份，一份由人力资源部存档，一份交申述人主管，一份交申述人。

8.2.3 员工申述处理流程表

在员工申诉制度中，还可以附表形式展示员工申述处理流程，让员工清楚明了地了解申述的整个过程。如表 8-2 所示为某公司绩效考核申述流程说明。

表 8-2　某公司绩效考核申述流程说明

步骤	涉及部门	说明
1	员工所属部门	员工对绩效评定和考核的结果有异议的，知道结果 3 日内向绩效考核小组组长提出申诉，将申诉原因和理由记入《绩效考核申诉表》
2	绩效考核小组组长	受理员工申诉，向员工部门领导和员工本人了解情况，进行调查核实，并将调查情况写入《绩效考核申诉表》中
3	员工、员工部门领导	签字确认《绩效考核申诉表》调查结果
4	绩效考核小组组长	根据了解到的实际情况和公司制度，在《绩效考核申诉表》上签署第三方解决意见
5	（副）总经理	每月初的经营管理决策会议上讨论上月员工绩效考核申诉事件并通知该项申诉的处理结果
6	绩效考核小组组长	向员工回复其申诉的结果并做出处理

续表

步骤	涉及部门	说明
7	行政人事部档案管理员	将《绩效考核申诉表》归入员工绩效考核档案中，在做人事决定时结合员工绩效考评得分综合评价员工绩效

8.3
员工绩效投诉的处理技巧

我的一位学员曾经向我抱怨："公司实施绩效考核后不仅要面对各方面的压力,还要接受员工的不满、投诉和质疑,这工作真不好做啊。"如何妥善处理好员工的绩效投诉确实是一件令人头疼的事情，但面对这一难题我们不能逃避，而要勇敢面对。下面是我从实战经验中总结的绩效投诉处理技巧，希望能帮到大家。

8.3.1 妥善受理员工的绩效投诉

一个良性的绩效管理体系，有适当的员工投诉是正常的，这有助于绩效管理工作的不断完善和进步。面对员工对绩效考核的异议和投诉,作为管理者首先要摆正心态,以平和的心态接受和处理员工的投诉。

不管是骨干员工的投诉还是一般员工的投诉，都要一视同仁，而不能认为一般员工的投诉就是找事情，或是闹意见。处理考核投诉的过程实际也是管理进步的过程，这是一次促进个人和组织提升绩效的机会。带着这样良好的心态看待投诉，并将这种心态传递给其他部门的管理者，才能更好地受理员工的绩效投诉。

摆正心态后，处理过程中遵循的原则也很重要。处理应以事实为依据，并要做到对员工的投诉保密，以让员工敢于投诉。在处理投诉的过程中，如果发现是员工自身的问题，那么要耐心地说服员工，如果发现是管理者或企业的问题，要虚心接受投诉并做出改进。

有了绩效投诉处理制度后，还应该有专门的受理机构来受理员工的异议和投诉，这一机构一般是人力资源部。当然，企业也可以成立申述处理委员会来处理员工的申述，该委员会成员可由申述人直属主管、所在的部门经理及人力资源部相关成员组成，如绩效经理、绩效专员等。

在处理投诉的过程中，要严格按照申述处理流程来操作，在具体操作时要注意以下事项。

①让员工客观地填写申述表，认真倾听员工的述求，做好投诉要点记录，并告知员工反馈的时间节点。

②分析员工为什么要投诉，找出投诉的真实原因，是考核结果不满意，或是考核方式不正确，只有找出原因和问题后才能进入下一阶段。

③在进行投诉调查时应本着对事不对人的原则，关键是找到问题的根源。并且要在承诺的时间段内给予员工反馈，反馈时不能简单地说谁对谁错，而要拿出令员工信服的依据，并告知今后会改进的地方。

可以用纸质或电子邮件的方式对绩效投诉进行接收，人力资源部可以建立一个邮箱，用来接收员工的投诉报告，由于这种方式更隐蔽，员工往往也更能接受。

8.3.2 对绩效投诉尽心调查

对于员工投诉或出现异议的问题，我们不能人为主观地判断是否正确，而要通过调查来核实，调查的内容主要包括两个方面。

◆ 事实情况。

◆ 申述项目。

进行投诉调查时不要先关注谁对谁错，而要以事实情况来说话。首先可与申述人进行面谈，了解情况，接下来可以与其同事进行面谈，从侧面了解事实，最后可以与直属上级或下级进行面谈，从而确认投诉问题的根源是个案，还是共性问题。在向申述员工的上级、同级或下级做了相关了解后，对于取证的内容都要如实记录，可以用绩效考核投诉调查表来记录，如表 8-3 所示。

表 8-3 绩效考核投诉调查表（范本）

申述人		部门		职位	
申述内容					
面谈人		部门		职位	
面谈时间			面谈负责人		
问题简要描述：					
调查情况：					
经办人：					
备注：					

8.3.3 绩效考核中的员工投诉处理

就员工的异议或投诉得出调查结果后，就要告知员工处理的结论，需要告知的内容主要有 3 点。

◆ 不是告知谁对谁错，而是告知问题的根源。

◆ 告知处理的最终结果是什么。

◆ 告知解决方案。

这时就可以用绩效考核投诉处理表来记录投诉的处理结果，如表 8-4 所示。

表 8-4　绩效投诉处理表（范本）

通报编号		责任部门	
通报日期		反馈日期	
通报事实			
对本投诉的处理结果：			
对预防此类现象再度发生所建立的长效机制：			
责任部门负责人签字：　　　　　　　　　　　　年　　　月　　　日			
绩效考核办公室负责人签字：　　　　　　　　　年　　　月　　　日			

　　向员工告知处理结果，也需要掌握一定的技巧。多年的投诉处理经验告诉我，员工投诉无非想得到一个让自己满意的说法，因此有时"说法"比结果更重要。坦诚和信任是前提，要在与员工建立了信任的基础上再给员工一个可以接受的说法。

　　要记住绩效投诉经办人是来解决问题的，而不是加深矛盾的。因此如果员工对处理结果有异议，也不要与其争论，而要耐心反馈答复。沟通结束后，若达成一致，要让申述人签字确认，人力资源部再做备案处理。

不同岗位员工绩效考核指标设计

根据被考核对象所在工作岗位的工作内容和性质的不同，其绩效考核标准也会有所不同。科学合理的绩效考核要结合不同的考核对象来进行指标的设计，从而使绩效系统成为有生命力的系统。

市场部岗位目标量化与考核

市场部是企业营销组织架构的重要组成部分，也是公司的核心部门，其通常负责公司新产品的开发、新老产品的市场推广以及为公司销售渠道提供支持等。

9.1.1 市场部经理目标量化与考核

市场部经理是市场部的领军人物，其应具备丰富专业的市场营销、品牌定位、策划宣传等知识，以及较强的规划能力。

对市场部经理进行量化考核，要结合岗位职责，从财务、运营、客户和学习发展这 4 个方面来进行，如表 9-1 所示为某公司市场部经理考核表。

表 9-1　某公司市场部经理绩效指标考核表

考核项目	绩效指标	指标说明	绩效目标值	权重
财务	市场推广费用控制率	实际推广费用与计划推广费用的比率	控制在__%以内	10%
	部门费用预算	费用预算与实际花费的误差	控制在__%以内	5%
	新产品盈利率	新产品销售收入与成本的比率	达到__%	5%

续表

考核项目	绩效指标	指标说明	绩效目标值	权重
运营	市场调研达成率	实际完成的市场调研数量与计划完成的市场调研数量的比率	达到__%	10%
	新产品上市数量	新产品上市的数量	不低于__种	10%
	广告投放有效率	广告费用增长率与销售收入增长率的比率	控制在__%以内	10%
	策划方案成功率	成功方案数和提交方案数的比率	达到__%	10%
	市场拓展计划完成率	市场拓展计划实际完成量和计划完成量的比率	达到__%	10%
	媒体正面曝光次数	在公众媒体被正面曝光或正面宣传的次数	达到__次	5%
客户	市场占有率	公司产品销量占市场该类产品销量的比率	达到__%	10%
	品牌美誉度	顾客对品牌的认知度和满意度	达到__%	5%
学习与发展	培训计划完成率	实际完成培训的次数和计划完成培训的次数的比率	达到__%	5%
	关键员工流失率	关键员工离职人数与原有关键职工总数的比率	控制在__%以内	5%

9.1.2 市场部主管目标量化与考核

市场部主管需协助市场部经理组织实施市场计划，并对市场部的其他工作负责，如培训工作、广告费用和工作的检查反馈等。市场部主管的绩效考核可从工作完成情况、工作能力和工作态度3方面来进行。

（1）工作完成情况

工作完成情况要根据市场部主管的工作内容来设计，如表9-2所示为某公司市场部主管工作情况考核内容，可供借鉴参考。

表9-2 某公司市场部主管工作完成情况考核表

主要工作内容	考核内容	目标完成情况	考核分数	
			分值	考核得分
市场调研	信息收集及时性和准确性			
市场分析	市场分析的质量			
市场拓展	市场拓展目标达成率和投入产出比			
品牌管理	顾客对品牌的认知度和满意度			
市场推广	广告投放有效率和推广活动实施情况			
公关活动管理	媒体正面报道次数			

（2）工作能力

工作能力考核可根据市场部主管的任职要求来设计，一般来说，工作能力考核的内容包括如表9-3所示的一些。

表9-3 某公司市场部主管工作能力考核表

考核目标	考核内容	分值	考核分数		
			自评	分值	考核得分
专业知识	市场部主管对专业知识的掌握程度，如广告传媒、市场营销专业知识				
组织策划能力	对市场拓展计划、营销活动等的组织策划能力				

续表

考核目标	考核内容	分值	考核分数		
			自评	分值	考核得分
判断力和解决问题的能力	对市场趋势的判断力和解决工作问题的能力				
创新能力	对新技术、新方法和新事物的汲取能力，以及是否能推陈出新				
执行能力	对市场拓展方案、市场运作方案等市场计划的执行能力				

（3）工作态度

工作态度的考核内容主要包括工作的认真度、责任度和努力程度，如表9-4所示为某公司市场部主管工作态度考核表。

表 9-4　某公司市场部主管工作态度考核表

考核目标	考核内容	分值	考核分数		
			自评	分值	考核得分
工作认真度	面对一般难度的工作任务是否能超标准完成；面对难度较大的工作任务，是否能高标准完成				
工作责任度	是否能尽职尽责地完成工作任务				
工作努力程度	是否积极主动地为达成结果做出了努力				

9.1.3 公关主管目标量化与考核

公关主管的岗位职责主要为计划和指导公关项目，创造和维持公司的公众形象。对公关主管进行考核，考核内容主要包括以下4个方面。

- ◆ 公关资源的建立和维护。

- ◆ 策划主题性公关活动方案。

- ◆ 组织实施公关活动。

- ◆ 危机公关管理。

根据上述 4 个方面，可设计出能够计算的量化指标和依靠主观评判的定性指标，如表 9-5 所示为某公司公关主管绩效考核表。

表 9-5　某公司公关主管绩效考核表

指标	考核项目	绩效目标值	权重
量化指标	公关传播计划完成率	计划完成率达到__%以上	20%
	公关策略目标实现率	公关策略目标实现率在__%以上	15%
	大型公关活动组织的次数	组织的大型社会专题公关活动超过__次	15%
	公关费用控制	公关费用控制在预算范围内	10%
	公关效果评估报告提交及时率	公关效果评估报告提交及时率在___%以上	10%
	媒体正面曝光次数	媒体正面曝光次数达到__次以上	5%
定性指标	危机公关认可度	危机公关认可度平均得分在__分以上	10%
	公司美誉度	公司美誉度调查得分在__分以上	5%
	媒体满意度	媒体满意度达到__分以上	5%
	员工管理	员工绩效考核评分达到__分以上	5%

根据公司公关主管岗位职责的不同，还可以在绩效考核表中增加以下考核指标。

- ◆ **软文发布数量**：在微博、微信、新闻网站、杂志及电视等媒体发布软文的数量。

◆ **公关活动实施效果**：公司在市场的知名度和与外部相关单位合作后，外部单位的满意度。

9.1.4 市场专员目标量化与考核

市场专员要负责市场部具体工作的组织实施并协助市场经理和主管完成市场部相关工作目标。结合市场专员的一般工作职责，从工作完成情况、工作能力和工作态度3方面对市场专员进行绩效考核，分别如表9-6、9-7和9-8所示。

表9-6 某公司市场专员工作完成情况考核表

主要工作内容	考核内容	目标完成情况	考核分数	
			分值	考核得分
市场调研	信息收集的及时性、真实性和准确性			
市场分析	市场分析报告提交的及时性			
	市场分析报告内容的全面性			
	市场分析报告数据的准确性			
制定市场策划方案	协助上司完成市场策划方案的有效性			
市场活动执行	广告、促销和新产品上市等市场活动目标达成情况			
客户关系维护	客户开发、客户反馈意见记录情况以及客户回访情况等			
档案整理	市场资讯、信息以及客户信息的处理和整理效果			

表 9-7　某公司市场专员工作能力考核表

考核项目	考核内容	目标完成情况	考核分数	
			分值	考核得分
专业知识	是否具备丰富的专业知识，并能充分发挥完成任务			
协调合作能力	是否善于协调，能否自发地与他人合作，达成工作要求			
沟通能力	是否能与同事和上级保持有效沟通			
分析能力	对市场变化是否有良好的观察和分析能力			

表 9-8　某公司市场专员工作态度考核表

考核项目	考核内容	目标完成情况	考核分数	
			分值	考核得分
成本意识	是否具备成本意识，能积极节省，避免浪费			
主动性	是否无需督促，便能主动完成本职工作			
积极性	在工作中，是否热心，是否能保持激情			
责任心	对待交付的工作，是否能尽责达成			

9.2 销售部岗位目标量化与考核

　　销售部是公司以产品销售为主要工作的部门，主要负责总体营销活动的开展。通常公司对销售部会有销售目标的要求,因此销售部岗位的绩效考核会与销售业绩密切相关。同时,销售部各岗位薪酬也会与销售业绩挂钩。

9.2.1 销售部经理量化考核设计

作为公司的销售部经理,其职责与普通销售人员最大的区别就是,销售经理需要管理和组织团队,这样才能完成整体业绩目标。工作业绩、工作能力和工作态度是考核销售部经理的主要项目,其中,工作业绩是销售经理绩效考核的重点内容。对工作业绩进行考核,其考核指标可分为定量指标和定性指标,如表9-9所示为某公司销售部经理工作业绩绩效考核表。

表 9-9　某公司销售部经理工作业绩绩效考核表

考核内容	绩效指标	指标说明	绩效目标值	权重
工作业绩定量指标	销售计划完成率	实际完成的销售额或销售量与计划完成的销售额或销售量的比率	达到＿%	15%
	销售收入增长率	本期销售收入减去上期销售收入的差值与上期销售收入的比率	达到＿%	15%
	销售回款率	实收销售款与销售收入总额的比率	达到＿%	10%
	销售费用率	销售费用占销售收入的比率	小于＿%	10%
	新客户开发成功率	争取新客户时获得成功部分的比率	达到＿%	10%
	合同履约率	实际交货额与合同规定货额的比率	达到＿%	5%
	客户保有率	继续保持与老客户交易关系的比率	达到＿%	10%

续表

考核内容	绩效指标	指标说明	绩效目标值	权重
工作业绩定量指标	市场信息收集	有效信息收集数量	达到__条	5%
	报告提交	相关计划、报表及销售反馈信息提交情况	达到__次	5%
工作业绩定性指标	销售团队管理	销售团队是否具有很强的凝聚力	达到__分	5%
	销售计划方案	考核销售计划方案的可行性和合理性	达到__分	5%
	合作满意度	其他部门与销售部合作的满意程度	达到__分	5%

工作能力和工作态度可采用评分制的方式来进行考核，评分标准可根据公司实际情况来确定，如表 9-10 所示为某公司销售部经理工作能力和工作态度考核表。

表 9-10　某公司销售部经理工作能力和工作态度考核表

考核项目	绩效指标	评审事项	评分标准	评分
工作能力	专业知识	1. 了解公司产品基础知识	为1分	
		2. 对本行业和公司产品有深刻认识	为2分	
		3. 能熟悉掌握本岗位所需的专业知识，但其他相关知识了解不多	为3分	
		4. 熟练掌握专业知识和其他相关知识	为5分	
	分析判断能力	1. 不能及时作出正确分析和判断	为1分	
		2. 对简单问题能作出分析和判断	为2分	
		3. 对复杂问题能作出分析和判断，但不能灵活运用在实际工作中	为3分	
		4. 对复杂问题能作出分析和判断，并能灵活运用在实际工作中	为5分	

续表

考核项目	绩效指标	评审事项	评分标准	评分
工作能力	沟通能力	1. 能简明扼要地表述自己的观点	为 1 分	
		2. 能很好地倾听他人的观点，并能明白他人的想法	为 2 分	
		3. 能说服他人接受自己的看法	为 3 分	
		4. 能灵活运用多种沟通技巧与他人沟通	为 5 分	
	应变能力	1. 灵活应变能力较弱	为 1 分	
		2. 有一定灵活应变能力	为 3 分	
		3. 灵活应变能力强	为 5 分	
	人际交往能力	1. 不能与他人很好交际，独断专行	为 1 分	
		2. 能与他人建立可信赖的长期关系	为 3 分	
		3. 善于与他人合作，并能发挥各自的优势	为 5 分	
工作态度	责任感	1. 不能保质保量完成工作任务	为 1 分	
		2. 能保质保量完成工作任务	为 3 分	
		3. 在做好本职工作的同时，能主动承担额外工作	为 5 分	
	出勤率	出勤率为 100%	为 1 分	
		出勤率低于 100%	为 2 分	
	其他态度	能遵守公司的规定和标准，有较强的纪律性	为 1 分	
		能主动学习业务知识，有较强的积极性	为 3 分	

9.2.2 区域主管量化考核设计

区域主管主要负责公司销售部在某一地区的销售工作。区域主管的绩效考核与销售经理有相似之处。如表 9-11 所示为某公司区域主管工作业绩考核表。

表 9-11　某公司区域主管工作业绩考核表

考核项目	考核标准	实际完成情况	分值	评分
工作业绩	超出销售指标	超额完成___%		
	全额完成销售指标	100%		
	未完成销售指标	完成___%		
	指导并培养新业务员完成个人任务	完成个人销售任务___人		
	实际收款金额	收款___万元		
	区域新客户开发	实际开发客户数___个		

对工作业绩进行考核后，还需对工作态度和工作能力进行考核，如表 9-12 所示某公司区域主管工作能力和工作态度考核表。

表 9-12　某公司区域主管工作能力和工作态度考核表

考核项目	考核指标	评审事项	分值	评分
工作态度	周报	总结流于形式，可操作性不强		
		对区域市场、客户认识和下属工作了解不全		
		对市场有充分的了解，并且对客户和下属工作有充分了解		
		对区域市场了解全面，并有清晰完善的规划		

续表

考核项目	考核指标	评审事项	分值	评分
工作态度	责任感	只关注个人业绩，团队业绩表现不佳		
		关注下属工作，但团队出现问题不愿承担责任		
		勇于承担团队责任，并能出色完成区域销售工作		
工作能力	协调能力	不能很好地分配区域工作		
		能合理分配区域工作，但合理性不高		
		能合理分配区域工作和区域资源，并能调动下属积极工作		
		对于区域内发生的资源分配问题，能很好地解决		
	判断能力	能对简单的问题能作出分析和判断		
		能对复杂的问题作出分析和判断，但缺乏灵活性		
		能对复杂的问题作出正确的分析和判断，并能指导下属实施		
		能从全局分析和判断问题，并能着眼于未来		
	公平公正	对区域资源分配不合理并且不做调整		
		当出现资源分配不合理时，能及时调整		
		对待区域内的下属公平公正，并能知人善用		
		无私心，对事不对人，下属无不良反馈		

续表

考核项目	考核指标	评审事项	分值	评分
工作能力	专业知识	熟悉区域内本公司的产品		
		熟悉本行业和公司产品，但对其他相关知识了解不多		
		熟练掌握本岗位专业知识，对其他相关知识有一定了解		
		能融会贯通的运用专业知识，且可以指导下属工作		

9.2.3 大客户主管量化考核设计

大客户主管主要负责与重要客户进行信息沟通，维护和服务客户，如表 9-13 所示为某公司根据大客户主管的工作内容，结合平衡计分卡制定的考核指标体系表。

表 9-13　某公司大客户主管考核表

	考核指标	指标说明	权重
财务类	大客户销售额	大客户销售额	15%
	销售账款回收率	（实际回款额÷计划回款额）×100%	10%
	销售毛利率	（总销售额－销售成本费用）÷总销售额×100%	5%
	坏账率	（坏账损失÷主营业务收入）×100%	5%
	销售费用节省率	（销售费用预算－实际发生的销售费用）÷销售费用预算×100%	5%
运营类	销售计划完成率	实际销售额÷计划销售额×100%	15%
	有效新大客户数	当期新开发的有效的新大客户数	5%

续表

	考核指标	指标说明	权重
运营类	大客户流失率	（期初大客户数＋期内新增大客户数－期末大客户数）÷期初大客户数×100%	10%
	销售增长率	（当期销售额－上一考核期销售额）÷上一考核期销售额×100%	5%
客户类	大客户满意度	大客户对销售服务的满意程度，通过大客户满意度调查获得	5%
	大客户投诉次数	大客户对销售服务进行投诉的次数	5%
	内部员工满意度	指员工对企业的满意程度	5%
学习发展	核心员工保留率	（期末核心员工数÷期初核心员工数）×100%	5%
	培训计划完成率	（实际培训次数÷计划培训次数）×100%	5%

9.2.4 销售人员量化考核设计

公司的销售业绩都是由销售人员来完成的，在绩效管理中，对销售人员的绩效进行考察和分析尤为重要，另外，良好的绩效管理还能成为销售团队管理的好帮手。如表9-14所示为某公司销售人员考核表。

表9-14 某公司销售人员考核表

	考核指标	权重	评价标准	评分
工作业绩	销售完成率	20%	实际完成销售额÷计划完成销售额×100%，考核标准为100%，每低5%，扣除1分	
	销售增长率	10%	与上一月度或年度的销售业绩相比，每增加1%，加1分，出现负增长不扣分	

续表

	考核指标	权重	评价标准	评分
工作业绩	销售回款率	10%	超过规定标准以上，以5%为一档，每超过一档，加1分，低于规定标准的，为0分	
	新客户开发	10%	每新增一个客户，加2分	
	市场信息收集	5%	1. 在规定的时间内完成市场信息的收集，否则为0分； 2. 每月手机的有效信息不得低于__条，每少一条扣1分	
	报告提交	5%	1. 在规定的时间之内将相关报告交到指定处，未按规定时间交者，为0分； 2. 报告的质量评分为4分，未达到此标准者，为0分	
	销售制度执行	5%	每违规一次，该项扣1分	
	团队协作	5%	因个人原因而影响整个团队工作的情况出现一次，扣除该项5分	
工作能力	专业知识	5%	1分：了解公司产品基本知识； 2分：熟悉本行业及本公司的产品； 3分：熟练地掌握本岗位所要求的专业知识，但对其他相关知识了解不多； 4分：掌握熟练业务知识与能力及其他相关知识	
	分析判断能力	5%	1分：较弱，不能及时地做出正确的分析和判断； 2.分：一般，能对问题进行简单的分析和判断； 3分：较强，能对复杂的问题进行分析和判断,但不能灵活运用到实际工作中； 4分：强，能迅速地对客观环境做出较为正确的判断，并能灵活运用到实际工作中，取得较好的销售业绩	

续表

考核指标		权重	评价标准	评分
工作能力	沟通能力	5%	1 分：能较清晰地表达自己的想法； 2 分：有一定的说服能力； 3 分：能有效地化解矛盾； 4 分：能灵活运用多种谈话技巧和他人进行沟通	
	灵活应变能力	5%	应对客观环境的变化，能灵活的采取相应的措施	
工作态度	员工出勤率	2%	1. 月度员工出勤率达到 100%，得满分，迟到一次，扣 1 分（3 次及以内）； 2. 月度累计迟到 3 分及以上者，该项得分为 0 分	
	日常行为规范	2%	违反一次，扣 2 分	
	责任感	3%	0 分：工作马虎，不能保质、保量地完成工作任务且工作态度极不认真； 1 分：自觉地完成工作任务，但对工作中的失误，有时推卸责任； 2 分：自觉地完成工作任务且对自己的行为负责； 3 分：除了做好自己的本职工作外，还主动承担公司内部额外的工作	
	服务意识	3%	出现一次客户投诉，扣 3 分	

9.3
研发部岗位目标量化与考核

研发部要负责新产品的开发、技术引进和新技术推广应用等。当前，产品更新换代的周期越来越短，企业想要持续发展，离不开自主创新能力，而企业的创新和研发活动是研发部所要负责的。

9.3.1 研发部经理量化考核设计

在当前的竞争环境下，对研发部经理提出了更高的要求，既要具备丰富的理论知识，又要具备技术操作经验，可以说研发部经理是复合型的人才。如表 9-15 所示为某公司研发部经理考核表。

表 9-15　某公司研发部经理考核表

序号	关键绩效指标	权重	绩效目标值	评分
1	研发项目阶段成果达成率	15%	研发项目阶段成果达成率在____%以上	
2	项目研发完成准时率	15%	项目研发完成准时率在____%以上	
3	部门规章制度建设	10%	部门制度建设完善并得到 100% 执行	
4	项目研发成本控制率	10%	项目研发成本控制在____%以下	
5	新产品投资利润率	10%	新产品投资利润率在____%以上	
6	新产品利润贡献率	10%	新产品利润贡献率在____%以上	
7	科研成果转化效果	10%	考核期内实现科研成果转化在_____项以上	
8	研发成果验收合格率	5%	研发成果验收合格率到 100%	
9	科研项目申请成功率	5%	科研项目申请成功率达到____%以上	

续表

序号	关键绩效指标	权重	绩效目标值	评分
10	试验事故发生次数	5%	发生试验事故的次数不高于____次	
11	部门员工管理	5%	部门员工绩效考核平均得分在____分以上	
12	产品技术重大创新	加分项	每次酌情加 5 ~ 10 分	
说明	1. 新产品投资利润率 = 新产品利润额 ÷ 新产品研发投资总额 ×100%； 2. 研发成果验收合格率 = 研发成果验收合格数 ÷ 研发成果总数 ×100%； 3. 产品技术重大创新指产品技术创新获得国际认可或填补某项空白，经权威机构认证，由公司技术负责人进行评议，酌情给予考核加分			

9.3.2 技术员量化考核设计

技术员是指能够完成特定技术任务的人员，不同企业技术员的具体岗位职责不同，其考核指标也会有所不同。如表 9-16、9-17 和 9-18 所示为某公司技术员的绩效考核表，分别从工作业绩、工作态度和工作能力 3 方面进行考核。

表 9-16　某公司技术员工作业绩考核表

关键业绩指标	考核目标值	权重	得分
技术设计完成及时率	技术设计完成及时率达到____% 以上	30%	
技术方案采用率	技术方案采用率达到____% 以上	25%	
技术改造费用控制率	技术改造费用控制率达到____%	25%	
技术服务满意度	相关部门对技术服务满意度评价的评分在____分以上	10%	

续表

关键业绩指标	考核目标值	权重	得分
技术资料归档及时率	技术资料归档及时率达到100%	10%	

表 9-17 某公司技术员工作态度考核表

考核指标	考核目标值		配分	得分	权重
工作责任心	有强烈的责任心，从来没有失职行为		91 ~ 100		35%
	有较强的工作责任心，极少有失职行为		81 ~ 90		
	有相当的工作责任心，但是偶尔也有失职行为		71 ~ 80		
	有一定的工作责任心，时常有失职行为		51 ~ 70		
	基本没有工作责任心，工作失职习以为常		0 ~ 50		
公平公正意识	有较强烈的公平公正意识，从不偏袒下属		91 ~ 100		15%
	有较强的公平公正意识，极少偏袒下属		81 ~ 90		
	有相当的公平公正意识，有时会偏袒下属		71 ~ 80		
	有一定的公平公正意识，时常会偏袒下属		51 ~ 70		
	基本上没有公平公正意识，偏袒下属习以为常		0 ~ 50		
团队建设	团队建设不遗余力，有强烈的团队意识		91 ~ 100		35%
	积极开展团队建设，有较强的团队意识		81 ~ 90		
	积极开展团队建设，有相当的团队意识		71 ~ 80		

续表

考核指标	考核目标值	配分	得分	权重
团队建设	不太积极开展团队建设，有一定的团队意识	51～70		35%
	基本上不开展团队建设，团队意识匮乏	0～50		
员工培养意识	有强烈的员工培养意识，极力关注下属的成长	91～100		15%
	有较强的员工培养意识，非常关注下属成长	81～90		
	有相当的员工培养意识，较为关注下属成长	71～80		
	员工培养意识淡薄，不太关注下属成长	51～70		
	基本上没有员工培养意识，完全忽视下属成长	0～50		

表 9-18 某公司技术员工作能力考核表

指标名称	考核标准								总分	得分
	优		良		中		差			
	标准	得分	标准	得分	标准	得分	标准	得分		
分析能力	非常强	20	较强	16	一般	12	较弱	4	20	
判断能力	非常强	20	较强	16	一般	12	较弱	4	20	
计划能力	非常强	20	较强	16	一般	12	较弱	4	20	
创新能力	非常强	10	较强	12	一般	8	较弱	3	10	
学习能力	非常强	10	较强	12	一般	8	较弱	3	10	

续表

指标名称	考核标准								总分	得分
	优		良		中		差			
	标准	得分	标准	得分	标准	得分	标准	得分		
应变能力	非常强	10	较强	8	一般	6	较弱	2	10	
理解能力	非常强	10	较强	8	一般	6	较弱	2	10	

9.3.3 研发专员量化考核设计

研发专员是负责具体研发工作的人员，其考核指标一般有新产品开发、市场信息收集等内容，如表 9-19 所示为某公司研发专员绩效考核表。

表 9-19 某公司研发专员绩效考核表

考核项目	考核指标	指标说明	得分	权重
新产品开发	新产品开发数量	—		20%
	新产品试制成功率	对新产品试制这一创优工作的考核，有助于验证新产品的设计能否达到预期的效果		15%
项目研发	研发项目阶段成果达成率	各项目实施阶段成果达成数÷计划达成数×100%		15%
定性指标	产品技术的稳定性	投放市场后产品设计更改的次数		20%
	信息收集	信息收集是否及时、准确和有效		5%
	技术支持	技术服务满意度评价状况		5%

续表

考核项目	考核指标	指标说明	得分	权重
定性指标	开发新产品所需资料的完整性	在规定的时间内，将所有图纸、各类参数资料、鉴定资料及其他相关资料递交相关部门		5%
	技术资料的提供	技术资料提供的及时性、准确性，可以是否发生投诉作为考核依据之一		5%
	技术档案管理	技术资料的整理是否规范		10%

9.3.4 设计师量化考核设计

设计师是对设计事物的人的一种泛称，设计师有平面设计师、空间设计师、产品设计师和网页设计师，因此企业在制定设计师的绩效考核方案时，要根据具体的岗位职责来制定，如表 9-20、9-21 和 9-22 所示为某公司产品设计师工作业绩、工作态度和工作能力考核表。

表 9-20　某公司产品设计师工作业绩考核表

关键业绩指标	考核目标值	配分	得分
新方案设计周期	实际设计周期比计划周期提前	20	
设计评审满意率	设计评审满意率达到 100%	10	
项目计划完成率	项目计划完成率达到 100%	10	
设计的可生成性	成果不能投入使用发生的次数少于_____次	5	
设计成本降低率	设计成本降低率达到_____% 以上	5	
设计完成及时率	设计完成及时率达到_____% 以上	15	

续表

关键业绩指标	考核目标值	配分	得分
设计方案采用率	设计方案采用率达到_____%以上	10	
设计改造费用控制率	设计改造费用控制率到达_____%	10	
设计服务满意度	对设计服务满意度评价的评分在____分以上	10	
设计资料归档及时率	资料归档及时率达到100%	5	

表9-21　某公司产品设计师工作态度考核表

指标名称	标准	得分	标准	得分	标准	得分	标准	得分	总分
工作责任心	强烈	30	有	24	一般	18	无	6	30
工作积极性	很强	25	很高	20	一般	15	无	5	25
团队意识	强烈	25	有	20	一般	15	无	5	25
学习意识	强烈	20	有	16	一般	12	无	4	20

表9-22　某公司产品设计师工作能力考核表

指标名称	标准	得分	标准	得分	标准	得分	标准	得分	总分
设计能力	非常强	30	较强	20	一般	18	无	10	30
创新能力	非常强	25	较强	20	一般	15	无	5	25
沟通能力	非常强	20	较强	15	一般	10	无	5	20
学习能力	非常强	15	较强	12	一般	8	无	3	15
理解能力	非常强	10	较强	8	一般	6	无	2	10

9.4
客户服务部岗位目标量化与考核

　　如今，客户购买产品买的不仅仅是产品本身，还有企业提供的服务。而客户服务部是与客户有密切联系的部门，其工作直接关系着客户对企业的印象。对客户服务部进行绩效考核，可以明确其工作重点，让客户部员工更用心地为客户服务。

9.4.1　客户服务部经理量化考核设计

　　客户服务部经理需要统筹客户服务部的工作，建立并维护售后或售前服务体系，让公司在市场上有良好的形象。客服部岗位绩效不易量化，因此对客户服务部经理进行考核，其指标要求要明确具体，如表 9-23、9-24 所示为某公司客户服务部能力指标（权重为 85%）和态度指标（权重为 25%）考核表。

表 9-23　某公司客户服务部经理能力指标考核表

考核指标	权重	指标要求	评分规则	得分
客户回访	5%	所有客户每 3 个月回访一次	1. 完成所有回访安排 5 分； 2. 完成 90% 以上的回访为 3 分； 3. 完成回访低于 90% 为 0 分	
客户投诉处理	30%	客户投诉在两小时内响应，3 个工作日内解决，解决率100%	1. 完成所有要求为 30 分； 2. 任一项没有满足扣 10 分	

续表

考核指标	权重	指标要求	评分规则	得分
客户满意度	20%	客户满意度在90分以上	1. 客户满意度在 90 分以上为 20 分； 2.85 分以上为 10 分 3.80 分以上为 5 分； 4. 低于 80 分为 0 分	
客服培训	5%	培训课时达 10 课时以上	1. 培训课时在 10 课时以上为 5 分； 2.6 课时以上为 3 分 3. 低于 6 课时为 0 分	
客服流程体系的建立与完善	20%	建立 CRM 信息系统，培养客服管理制度、方法、流程	1. 完成率在90%以上20分； 2. 完成率在85%以上10分； 3. 完成率低于80%为0分	
客户信息管理	10%	客户信息资料齐整，无错漏	1. 按要求完成10分； 2. 错漏在3%以内为5分； 3. 错漏超过3%为0分	
销售额	5%	销售收入不低于去年同期	1. 销售收入超过去年同期为5分； 2. 低于去年同期为0分	
流失数	5%	不产生客户流失	1. 不流失为5分； 2. 流失为0分	

表 9-24 某公司客户服务部经理态度指标考核表

考核指标	权重	指标要求	评分规则	得分
主动性	25%	1 级：等候指示	1 级为 5 分	
		2 级：询问有何工作可给分配	2 级为 10 分	
		3 级：提出建议，然后再作有关行动	3 级为 15 分	
		4 级：行动，但例外情况下征求意见	4 级为 20 分	

续表

考核指标	权重	指标要求	评分规则	得分
主动性	25%	5 级：单独行动，定时汇报结果	5 级为 25 分	
以客户为中心	25%	1 级：提供必要服务	1 级为 5 分	
		2 级：迅速而不可分辩地解决客户需求	2 级为 10 分	
		3 级：找出客户深层次（真实）需求并提供相应产品服务	3 级为 15 分	
		4 级：成为客户信赖对象，并维护组织利益，影响客户决策	4 级为 20 分	
		5 级：维护客户利益，而促进长远组织利益	5 级为 25 分	
服务细致	25%	1 级：完成公司服务流程	1 级为 5 分	
		2 级：主动询问服务性问题	2 级为 10 分	
		3 级：无客户投诉的流程执行	3 级为 15 分	
		4 级：做到全面服务与实诚性服务	4 级为 20 分	
		5 级：能给客户带来意想不到的服务与感受	5 级为 25 分	
承担责任	25%	1 级：承认结果，而不是强调愿望	1 级为 5 分	
		2 级：承担责任，不推卸、不指责	2 级为 10 分	
		3 级：着手解决问题，减少业务流程	3 级为 15 分	
		4 级：举一反三，改进业务流程	4 级为 20 分	

续表

考核指标	权重	指标要求	评分规则	得分
承担责任	25%	5 级：做事有预见，有防误设计	5 级为 25 分	

9.4.2 售后服务主管量化考核设计

售后服务主管主要负责售后服务部内部人员的管理和工作的统一调配，负责服务部门人员的工作指导，其考核指标可以包括售后人员培训、客户投诉处理等，如表 9-25 所示为售后服务主管考核表。

表 9-25　某公司售后服务主管考核表

序号	考核项目	考核标准	考核总分	最终得分	评比得分		
					自评	考评	审核
1	客户反馈信息的收集、汇总	1. 及时掌握客户的使用情况； 2. 了解同类产品的客户使用情况； 3. 了解客户群体的细分和特殊需求	10				
2	建立客户档案、信息库	1. 各终端客户的档案完善； 2. 注明各客户的特点、需求； 3. 预估客户的需求量	10				
3	故障汇总分析	1. 联合各部门进行故障原因查找、分析； 2. 每次事件形成书面材料，以备后查； 3. 明确关闭时间，不得无故拖延	10				

续表

序号	考核项目	考核标准	考核总分	最终得分	评比得分		
					自评	考评	审核
4	已损件台账的建立	1. 更换配件必须有旧件回仓； 2. 明确已损件的台账数目	5				
5	重大事故问题处理	1. 发生重大事故，必须第一时间处理； 2. 必须向上级部门及时反映情况	15				
6	处理问题的时效性	1. 客户的故障报修必须在一小时内给出答复； 2. 在规定时间内派遣售后人员到达现场； 3. 确保在尽可能短的时间内处理好问题	10				
7	客户满意度调查	1. 每 15 天电话联系客户，进行回访； 2. 了解客户的真实目的；	10				
8	对售后人员的培训	1. 每月进行一次常规培训； 2. 每月进行一次售后人员的问题集中处理；	5				
9	客户的投诉处理	1. 每次投诉必须重视，并且妥善处理； 2. 处理结果必须得到客户的理解，才能关闭	15				

续表

序号	考核项目	考核标准	考核总分	最终得分	评比得分		
					自评	考评	审核
10	部门横向沟通	1. 及时沟通销售部,对已损件的处理; 2. 及时沟通销售部,对退换货的处理	10				

9.4.3 呼叫中心坐席专员考核设计

呼叫中心坐席专员的主要岗位职责是负责客户的热线咨询、信息查询及疑难问题的解答,为客户提供优良的服务,建立良好的客户关系,如表 9-26 所示为某公司呼叫中心坐席专员考核表。

表 9-26 某公司呼叫中心坐席专员考核表

关键绩效指标	指标标准	指标说明	权重	评分
监听分值	质检平均值 ≥ 80 分	月监听平均分值达标为 80 分,低于标准分,则该项计 0 分	40%	
上级考评	100 分	考勤,计算方式为当月累计迟到一次扣 20 分、早退一次扣 20 分、无故缺勤或旷工扣 50 分。其他扣分项为坐席在劳动纪律、工作配合、团队协作等方面的得分表现	15%	
有效工作率	≥ 50%	系统签入时间与工作时间的比率,计算公式为:(通话总时长 + 话后处理总时长)÷ 签入总时长。基本分值为 100 分,每少 1% 扣减 2 分(对于话务量较少的项目公司此项可不做为考核指标)	10%	

续表

关键绩效指标	指标标准	指标说明	权重	评分
平均通话时间	40 秒 ≤ x ≤ 180 秒	通话总时长 ÷ 通话总次数。通话时间 ≤ 180 秒，包含呼入和呼出，基本分值为 100 分，计分方式：1. 每增加 2 秒扣 10 分，扣完为止，减少时间不加分；2. 如平均通话时间少于 40 秒，每减少 2 秒扣 10 分。例：通话时间 182 秒，增加 2 秒扣 10 分，实际得分为 100-10=90 分；如通话时间 178 秒，减少 2 秒不加分，实际得分为 100 分	15%	
平均话后处理时间	≤ 40 秒	话后处理总时长 / 话后处理总次数。计分方式：话后时间每缩短一秒加 2 分，奖励上限到 25 秒止，每多 1 秒扣减 5 分，扣完该项为止，标准分值为 70 分。例：如话后时长 42 秒，增加 2 秒扣 10 分，实际得分为 70-10=60 分；如话后时长 38 秒，减少 2 秒加 4 分，实际得分为 74 分	10%	
业务知识考核	≥ 80 分	主要指业务考核，低于标准分此项记为 0 分	10%	

9.4.4 售后服务专员考核设计

售后服务专员一般要负责受理客户的投诉，跟踪产品的售后信息以及处理产品售后质量问题等。该岗位的工作独立性较强，对该岗位的员工进行绩效考核，要引入服务质量机制，关注工作的质量。如表9-27所示为某公司售后服务专员考核表。

表 9-27　某公司售后服务专员考核表

考核项目	考核标准	绩效分数	得分	总分
政策、体系、产品知识了解	熟悉售后流程和总公司、分公司、加盟店的布局及管理体系，熟悉产品知识	5		
客户回访	每周至少回访所有加盟商一次，记录加盟商的问题和意见，并做好登记备案工作	15		
业务对接	业务对接准确无误，加盟商无投诉	15		
解决客户问题	所有客户问题在 3 个工作日内予以答复，不能解决的问题在接到问题 24 小时内对接到其他部门，并做好登记备案工作	25		
信息更新跟进	公司各类信息有更新变动后应在一个工作日内通知加盟商，并做好跟进工作，做好登记备案工作	10		
客户通知	公司的最新通知、安排应在一个工作日内告知客户，如培训安排、会议安排和活动安排等	10		
服务质量	每收到客户投诉一次扣 5 分	10		
出勤	按考勤要求出勤，迟到一次扣 5 分，缺勤一次扣 10 分	10		

9.5 财务部岗位目标量化与考核

不管是集团公司，还是中小型企业，财务部都是其核心部门，因为财务部是企业资金控制的最后环节。

9.5.1 财务部经理考核设计

当前，财务管理水平也日益成为了企业的核心竞争力，因此各企业对财务经理的要求也在提高，如表9-28所示为某公司财务部经理考核表。

表 9-28 某公司财务部经理考核表

考核项目	考核指标	指标定义	考核目标	分值	评分标准
满意度	财务满意度	相关部门对财务部门工作的满意度	85%	5	每少3个百分点扣1分，每增3个百分点加1分
费用分析报告	报告及时率	及时向上级提供公司部门费用报告表	100%	5	每迟延两天扣1分
及时性	财务结算及时性	不得延期结算	100%	5	每迟延两天扣1分
	工资及考核奖金及时率	每月15日前发放上月工资，每月20日前发放绩效奖金	100%	5	每迟延两天扣1分
	回款及时率	实际回款额／应回款额×100%	95%	5	及时向上级汇报回款额
合法性	工作合法性	财务审批合法单据／财务审批全部单据×100%	100%	10	每少1个百分点扣1分
资金管理	资金管理制度严密，资金安全有保障		100%	10	直接上级的评价
核算管理	核算简单清楚，手续齐备，财务安全高效		100%	10	直接上级的评价
税收筹划	合法、省税		100%	5	直接上级的评价

续表

考核项目	考核指标	指标定义	考核目标	分值	评分标准
财务管理制度	制度科学，可行性强，并不断补充完善		100%	10	直接上级的评价
资产管理	记录清晰，及时知道资产状况，定期盘点，保证账实相符		100%	10	直接上级的评价
预算管理	做好财务预算及资金预算，并保障实施		100%	10	直接上级的评价
团队管理	部门内部合理分工	各司其职，工作内容不交叉重复	100%	5	直接上级的评价
	下属满意度	下级与上级考核表	100%	5	每低5%扣1分

9.5.2 会计人员考核设计

会计人员主要负责账目登记、凭证审核、工资核算和票据管理等工作，如表9-29所示为某公司会计考核表。

表9-29　某公司会计考核表

考核项目	考核指标	指标定义	考核目标	分值	评分标准
资金预算	资金预算准确性	实际发生数/资金预算数	100%	10	每超出3个百分点扣1分，降低3个百分点加1分
资产管理	结算及时性	不得延期结算	100%	10	每迟延两天扣1分
	回款及时性	实际回款额/应回款额×100%	95%	10	每少3个百分点扣1分
账务处理	账务处理出错率	出错的制单数/当月制单数×100%	在5%以内	10	每超过1个百分点扣1分

续表

考核项目	考核指标	指标定义	考核目标	分值	评分标准
财务报表	财务报表的及时性	要求按时按质提交	及时报送	10	每延迟一次扣1分
	财务报表的准确性	出错报表数 / 财务报表总数 × 100%	100%准确	10	每错误一次扣2分
工资发放	工资发放及时性	每月16日前要及时发放工资	100%	10	每延迟一次扣1分
	工资发放准确性	发放工资的金额要准确	100%	10	每错误一次扣2分
财务分析	财务分析的及时性	要求按时按质提交	及时报送	10	每延迟一次扣2分
	财务分析的准确性	要求定期对经营情况、预算执行情况进行分析	偏差小于5%	10	每错误一次扣2分

9.5.3 出纳人员考核设计

出纳主要负责货币资金核算、往来结算和工资核发等，如表 9-30 所示为某公司出纳人员考核表。

表 9-30 某公司出纳考核表

考核项目	考核内容	考核细则	评分标准	评分
工资纪律（16）	个人考勤	按时上下班，服从领导安排，迟到早退扣2分/次，病假扣1分/次，事假扣2分/次，旷工扣2分/次	8	
	处分和褒奖	被公司警告以上处分，扣2分，助人为乐或是受到上级表扬和奖励一次，加2分	—	

续表

考核项目	考核内容	考核细则	评分标准	评分
管理绩效（70）	现金管理	每日准确管理现金出入，做到账实相符，否则依据差错扣1分/次	5	
	报销账款	按照公司费用报销规定，及时准确为公司各部门员工报销费用，报销数额错误扣1分/次，发现未按公司费用报销规定进行费用报销扣2分/次	5	
	工程款核算、结算及收款	工程款的核算要准确并与预算相符，并及时上交核算报表，未上交的扣2分/次；工程款完工后及时结算并收款，若核算、结算及收款不及时扣2分/次，出现错误扣3分/次	7	
	工资发放	及时准确发放员工工资，出现发放错误扣1分/个	5	
	日记账	每日准确及时处理银行/现金日记账，若不及时扣1分/次	5	
	档案管理	规范管理承兑的收付，若造成毁损或耽误扣1分/次；妥善保管保险箱密码及钥匙，若管理混乱，造成损失扣2分/次	5	
	备用金管理	保管好备用金库存现金，银行存款及有效票据。审核单据是否齐全，手续是否符合公司规模并负责其安全性和完整性，出现不齐全的情况扣1～2分/次	5	
	报表制作及上交	根据出账入账信息，在各个单据及工程款收完后（完工3天后），制作报表并及时上报，未完成扣2分/次	5	
	现金凭证	现金凭证由出纳签字、审核，及时核对现金、银行日记账，日清月结，未及时处理扣1分/次	–	
	工资表	编制工资表并及时准确地扣除相关代扣的费用，若忘扣1分/次	–	

续表

考核项目	考核内容	考核细则	评分标准	评分
管理绩效（70）	奖金编报	每周、月进行银行存款与银行对账单的核对，编报未达账项调节表、净收入、支出	5	
	配合会计	每月配合会计做好报税即相关工作，未完成扣2分/次	3	
	个人管理有效性	确保单据齐全	2	
		相关单据签字审核到位	2	
		明细账簿管理准确无误	2	
		报表准确填制和上报	2	
		工作积极主动性和及时效率性	2	
其他考核（14）	执行力	领导部署的临时工作任务，在规定完成时限内未落实的扣1分/次	5	
	协作性	不配合、不响应其他部门的工作请求，每1次扣1分	2	
	团队意识	关心集体、重视团队合作、积极参加团队活动，不关心集体、不注重合作、不参加活动扣1分/次	2	
	工作习惯	保持办公桌、办公室干净和整洁，工作服和工作牌的佩戴，爱护公物	5	

9.5.4 财务审计专员考核设计

审计专员的主要工作职责为定期对公司内部的财务收支等方面实施审计，以确保各部门的核算工作规范、无误，如表9-31所示为某公司审计专员考核表。

表 9-31　某公司审计专员考核表

考核指标	权重	绩效目标值	评分
工作计划完成率	20%	考核期内工作计划完成率达 100%	
审计报告一次通过率	15%	考核期内审计报告一次通过率在____以上	
审计问题追踪检查率	10%	考核期内审计问题追踪检查率在____以上	
审计结果准确性	10%	考核期内审计结果更正的次数在____次以下	
审计工作及时率	10%	考核期内审计工作及时率达 100%	
审计报告证据充分性	10%	考核期内因审计证据不足而使审计结果被推翻的次数在____次以下	
审计报告归档率	10%	考核期内审计报告归档率达 100%	
员工日常行为规范检查及时性	5%	考核期内员工日常行为规范未及时检查次数不超过____次	
劳动纪律执行情况	5%	考核期内本人遵守公司各项制度情况	
其他任务完成情况	5%	考核期内领导交办的其他任务完成情况	

9.6
行政部岗位目标量化与考核

　　行政部是一个企业的统筹和决策中心，其涵盖的内容繁杂，如制度建设、档案管理、会议计划和其他日常办公工作等。行政部肩负着管理重任，其运作的好坏直接关系着企业是否能规范化运行。

9.6.1 行政部经理考核设计

行政部经理要负责组织和督促本部门员工完成部门职责范围的工作任务，如表 9-32 所示为某公司行政部经理考核表。

表 9-32 某公司行政部经理考核表

考核项目	考核指标	分值	评分依据	评分
行政后勤（25）	文件、档案管理	15	是否严格按照《文件管理规定》及公司管理体系相关规定进行管理、存档和发文	
	卫生、公共设施维护及时率	10	考核期内公共设施维护及时率在 95% 以上	
人力资源管理（15）	计划完成率	10	依据人员需求满足的及时性考评	
	招聘计划完成率	5	考核期内招聘计划完成率达 95%	
接待（10）	接待完成情况	5	考核期内接待完成率达 95%	
	接待满意率	5	考核期内接待对象反映的满意率达 90%	
内部管理（40）	员工管理	15	1. 部门内部关系和谐，配合默契，受到下属一致肯定为 10 ~ 15 分； 2. 部门内部关系和谐，能遵守公司制度，基本得到下属肯定为 9 ~ 6 分； 3. 多数情况下能控制和管理下属，有一定威慑力，但认同度稍差为 5 ~ 3 分； 4. 内部关系时有起伏，违反制度现象较多为 0 ~ 2 分	
	部门协作满意度	10	1. 无其他部门投诉为 9 ~ 10 分； 2. 发生其他部门投诉但通过协调仍能解决为 8 ~ 7 分； 3. 发生其他部门投诉，通过协调沟通，问题解决率达 50% 以上为 4 ~ 3 分； 4. 经常发生其他部门投诉，不主动协调沟通为 0 ~ 2 分	

续表

考核项目	考核指标	分值	评分依据	评分
内部管理 （40）	工作改善意见或建议	10	1. 能就公司、本岗位及上下级工作流程积极提出合理意见或建议，并对实际工作产生良性影响为9～10分； 2. 能就上述范围提出积极建议或意见，其中能对工作产生一定改善作用为8～7分； 3. 能对上述范围有建议或意见，但缺乏主动提出的态度为4～3分； 4. 本考核阶段内从未对上述范围提出任何建议或意见为0～2分	
	考勤表现	5	1. 无缺勤（请假、迟到或早退），能根据工作情况有效加班为5分； 2. 缺勤次数在2次以下，能根据工作情况有效加班为4分； 3. 缺勤在2次以内，无加班为3分； 4. 缺勤在3次以内，根据情况有加班为2分； 5. 缺勤3次以内，无加班为1分； 6. 缺勤4次或以上为0分	
关键能力 （10）	工作执行力	5	1. 能对部门内部各员工作进行计划安排，计划达成率为85%以上为5分； 2. 能制定计划，有一定偏差，但不影响总体计划，达成率为75%以上为4分； 3. 制定的计划不能为总体目标的实现带来正面影响，达成率在80%以下为0～3分	
	领导能力	5	1. 有魄力，能得到部门内外一致赞同5分； 2. 内部成员目标较为明确，团结有序为4分； 3. 领导管理能力一般，对正常运作无不良影响为3分	

续表

考核项目	考核指标	分值	评分依据	评分
关键能力（10）	领导能力	5	4. 对各方面的安排均不妥当，缺乏公正力和说服力，部门内部涣散为 0 ~ 2 分	

9.6.2 行政文秘考核设计

行政文秘的工作内容较为多元化，如文书写作、档案管理、文档打印和来客接待等，如表 9-33 所示为某公司行政文秘岗位考核表。

表 9-33　某公司行政文秘考核表

考核项目	考核内容	分值	考核标准	评分
工作绩效（50）	起草日常文件的及时准确性	20	以部门任务的完成情况为依据	
	会议记录及时有效性	10	以会议记录本为依据	
	文件收发及时性	10	以 QA 为标准	
	文档管理的完整性	10	以档案为依据	
工作学习能力（10）	1. 不断自我完善，以提高专业技能水平；2. 团队合作及沟通协调能力	10	以平日工作中的积极态度来评估	
配合度（20）	积极配合完成上级下达的工作任务，不推诿，不拖延	10	以配合部门的评价为依据	
	配合其他部门提供相关数据资料或配合完成相关工作，积极解决问题	10		
纪律性（20）	1. 每月请假一次以上且时长达 5 小时以上扣 1 分，以此类推；2. 迟到、早退、旷工一次分别扣 1 分、2 分、5 分	5	以出勤记录为依据	

续表

考核项目	考核内容	分值	考核标准	评分
纪律性 （20）	1. 故意不参加公司组织的活动（比如会议、劳动、培训等）一次扣1分； 2. 在上班时间内做与工作无关的事（比如闲聊、睡觉等），发现一次扣1分； 3. 警告、记小过、记大过每次分别扣1分、5分、10分	15	以是否遵守制度记录为依据	

9.6.3　前台接待员考核设计

前台接待的岗位职责有访客接待、信件和快递收发、打印操作、考勤数据回收以及协助其他工作的开展等，如表9-34所示为前台接待员考核表。

表9-34　某公司前台接待员考核表

考核项目	权重	考核标准和所占分值	评分
遵规守纪	10%	参照《人事管理制度》及公司下发的其他有关员工行为管理规定： 1. 从未违反公司的各项规章制度、员工守则为10分； 2. 偶尔违反公司规章制度、员工守则为7分； 3. 经常违反公司规章制度、员工守则为3分	
工作积极性和主动性	10%	1. 工作积极主动，能分清轻重缓急，遇到问题及时解决处理为10分； 2. 工作上不能分清轻重缓急，按部就班，按自己的节奏工作为7分； 3. 工作被动，对交办的工作任务或事项不闻不问，也没有结果为3分	
服从领导派遣	5%	1. 接受部门领导任务派遣后及时进行复命为5分； 2. 接受部门领导任务派遣后偶尔不进行复命为3分	

续表

考核项目	权重	考核标准和所占分值	评分
服从领导派遣	5%	3.接受部门领导任务派遣后经常不进行复命为1分	
团队协作能力	5%	1.除认真完成本人本职工作外，经常积极主动帮助部门其他成员完成任务为5分； 2.除完成本人本职工作外，有时主动帮助部门其他成员完成任务为3分； 3.除完成本人本职工作外，从不主动帮助部门其他成员完成任务为1分	
个人仪容仪表及工作安排	70%	负责来访客户的接待工作，咨询客户来访意图，对客户来访进行登记，填写《来访登记》，分值为10分	
		次日来访客户的准备工作，分值为10分	
		车辆安排工作，分值为10分	
		负责前台服务热线的接听和电话转接，做好来电咨询工作，重要事项认真传达给相关人员，不遗漏、延误，分值为1分	
		每日负责接收外来信件、资料，并正确转交相关部门，分值为10分	
		平时工作需要注重礼仪礼貌、举止大方、谈吐优雅，见到领导需起身问好，分值为5分	
		公司形象墙的卫生及公司产品的展示是否充分，分值为5分	
		完成领导交办的其他工作，做好其他部门的协助工作，分值为5分	

9.6.4 档案管理员考核设计

档案管理员主要负责档案的收集、整理、保管和统计工作，如表9-35所示为某公司档案管理员考核表。

表 9-35　某公司档案管理员考核表

考核项目	考核指标	权重	打分标准	分值	评分
工作业绩	档案管理工作	40%	文档管理体系完整，条理清晰	40	
			文档管理体系基本完整清晰	38～39	
			文档管理存在疏漏并产生影响	31～38	
			文档管理存在较大失误，且影响较大	11～30	
			文档管理混乱，存在严重缺失	1～10	
	工作制度	20%	严格执行公司档案管理制度	20	
			执行公司档案管理制度	18～19	
			基本执行公司档案管理制度	16～17	
			没有按制度执行，工作出现小失误，造成不良影响	11～15	
			没有按制度执行，工作出现严重失误，产生严重后果	1～10	
工作态度	工作责任心	10%	有强烈的责任心，从来没有失职行为	10	
			有较强的工作责任心，极少有失职行为	8～9	
			有相当的工作责任心，但是偶尔也有失职行为	6～7	
			有一定的工作责任心，时常有失职行为	4～5	
			基本上没有工作责任心，工作失职习以为常	1～3	
	工作积极性	10%	工作非常积极，工作任务从来不会延迟	10	
			工作相当积极，工作任务极少延迟	8～9	

续表

考核项目	考核指标	权重	打分标准	分值	评分
工作态度	工作积极性	10%	工作较为积极，工作任务偶尔也会延迟	6～7	
			工作不太积极，工作任务经常会延迟	4～5	
			工作很不积极，工作任务延迟习以为常	1～3	
	团队意识	10%	有强烈的团队意识，总是主动协助他人完成工作	10	
			有较强的团队意识，经常主动协助他人完成工作	8～9	
			有相当的团队意识，偶尔主动协助他人完成工作	6～7	
			有一定的团队意识，极少主动协助他人完成工作	4～5	
			基本上没有团队意识，从不主动协助他人完成工作	1～3	
	服从	10%	有强烈的服从意识，从不违反规章制度和工作标准	10	
			有较强的服从意识，极少违反规章制度和工作标准	8～9	
			有相当的服从意识，偶尔违反规章制度和工作标准	6～7	
			有一定的服从意识，时常违反规章制度和工作标准	4～5	
			基本上没有服从意识，违反规章制度和工作标准习以为常	1～3	

9.6.5 后勤服务人员考核设计

后勤服务人员主要负责各类后勤工作的处理，如环卫、车辆和保安等后勤保障工作，如表 9-36 所示为某公司后勤服务人员考核表。

表 9-36　某公司后勤服务人员考核表

考核内容	权重	指标说明	评分标准	评分
维修费用控制	15%	维修费用控制在预算范围之内	每超过预算范围 10%，扣 1.5 分	
环境卫生达标率	20%	环境卫生达标次数／环境卫生检查次数×100%	绩效目标值为 100%，每差 10% 扣 5 分，达标率≤70%，此项得 0 分	
安全事故发生次数	20%	考核期内发生的安全事故次数	每发生一次后果较轻的安全事故扣 5 分，发生一次后果较严重的安全事故，此项得 0 分	
车辆调度合理性	20%	及时、合理调度车辆，满足公司每日用车需求	每受到一次员工投诉，扣 5 分，投诉此项超过 3 次的，此项得 0 分	
后勤服务满意度	25%	公司领导和员工对后勤工作的满意度评分	以综合评价为依据	

个人与组织绩效如何有效协调

对于个人与组织绩效之间的关系，从绩效管理的概念中我们就可以看出来，两者既有区别也有联系。区别在于针对的对象、考核方法和考核结果不同，联系在于个人绩效包含于组织绩效中。个人绩效和组织绩效是相辅相成的，只有两者协调，才能更好地实现企业的战略目标。

绩效均衡设计的几个细节

企业在实施绩效考核管理的过程中，需要追求绩效管理制度与业务流程的匹配以及企业层级与绩效各要素之间的平衡，这要求管理者注意几个细节。

10.1.1 考核指标应与业务流程相匹配

大多数管理者在设计绩效指标时，常常只关注某部门员工应该达到什么目标，而没有考虑业务流程的有效性，这样容易导致脱离业务谈绩效管理。从企业经营层面来看，业务流程是极为重要的，因此在设计绩效指标时，要在业务流程分析的基础上，针对不同的部门来设计。下面来看看"重职能，轻流程"的绩效管理会出现什么问题。

某公司是一家建设材料生产型企业，随着公司生产规模的扩大，该公司出现了以下问题：

产品生产后经检验为合格，但客户却认为产品存在质量问题。由于建筑行业的特殊性，该公司一直都很重视质量检验工作，从原材料的采购到产品的生产都设置检验环节。

为了保证产品质量，该公司针对每个检验环节设计了产品合格率指标，并对生产部的员工进行了严格考核，但为什么还是会出现质量问题呢？

该公司管理者分析后，发现了问题所在。从绩效考核指标来看，生产部的绩效指标是产品质量合格率，质检部的绩效指标是是否通过质量检验。从部门职责来看，这样的指标设计没有问题。但是，从业务流程上来看，该公司将质量检验视作了质量管理，忽视了产品质量设计这一环节，而产品质量设计正是产品质量问题的症结所在。

如果产品质量设计存在问题，就会导致质量标准出现偏差。在这种情况下，公司的产品质量标准与客户的标准会存在不一致，即使严格把关质量检验环节也无济于事。

通过上述案例可以看出，如果该公司在设计绩效指标时考虑了业务流程，那么对产品质量的把控，就会从业务流程的最开始抓起，即从研发部的技术文件的有效性抓起。如果在保证质量标准过关的情况下，仍存在质量问题，那么就要从生产部和质检部来找原因了。

有的管理者可能会有疑问，基于流程的绩效管理与传统的绩效管理究竟有什么区别呢？下面以采购部为例，来看看两者的 KPI，如表10-1所示。

表 10-1　采购部 KPI 指标

传统 KPI	基于流程的 KPI
采购成本降低率	采购性价比
采购计划完成率	采购准时供给率
采购质量合格率	采购标准化率

我们知道采购部的主要职责是控制采购成本，完成采购计划和保证采购的质量，因此按照传统的绩效指标的设计方式，我们会设计采购成本降低率、采购计划完成率和采购质量合格率这3个关键绩效指标。

但从基于业务流程的角度出发，我们对采购部的要求并非一味是降低采购成本，而要追求价格和性能的平衡。同时，并非只关注采购计划是否完成这个结果，而是从生产部的需求出发，关注是否能准时为生产部提供供给。除此之外，从业务流程的角度来考虑，采购的质量并不是越高就越好，而应该实现标准化，因为标准化能为生产部减少很多不必要的工作，如不断重新调整生产工艺、适应新的材料型号等。

从上面的例子可以看出，将业务流程与绩效指标相匹配，能促进各部门之间的协作，为企业创作更多价值。

10.1.2 让绩效激发个人竞争

员工之间的有序竞争能提高员工工作的干劲，当绩效管理落实到员工身上，如何保证竞争的活力，让员工能发挥各自的潜力是管理的一个难点。

竞争过度对企业来说并不是一件好事，因为会造成资源的内耗，但如果竞争不足又会导致员工缺乏动力，那么如何通过绩效管理让员工之间保持良性的竞争状态呢？下面来看一个案例。

某公司为了激发销售人员的竞争活力，针对不同区域的销售人员实施了同样的绩效考核方案，但这并没有提高销售人员的工作业绩，相反有销售人员抱怨绩效指标设置不合理。

针对这一情况，公司管理者进行了指标细化，并增加了奖励措施，只要达到一定的绩效指标都可以获得相应的绩效奖金，绩效排名靠前的员工还能得到额外的奖励。考核实施后，企业中出现了不同声音。有的销售人员认同这样的考核，而有的销售人员则认为这样的考核不公平。

该公司的管理者很疑惑：为了保证考核公平，设定了统一的考核指标，为什么还有员工在抱怨呢？

在上述案例中，尽管公司管理者考虑到了公平的原则，但实际上并没有做到公平。不同区域由于外部环境的不同，销售的难度自然也不同，但该公司管理者并没有考虑到这种差异性，而认为统一的指标就能保证公平性。指标相同，但完成的难度不同，工作的产出就会有差异，这自然会导致有些销售人员认为考核有失公平。

因此对同一职位但处于不同地区的岗位设计绩效指标时，还要考虑地区间的差异性，应设定不同的绩效指标，这样才能使绩效考核成为激发员工竞争活力的工具。

为了营造良好的竞争氛围，还可以在绩效管理过程中引入岗位竞争机制。在企业中，我们常常会发现，当某一员工做出优于他人的成绩时，有的员工会认为自己也能做到，只是缺少了机会而已。对于这部分员工，如果与之争论会打击他们的上进心，也会让他们认为是区别对待。因此我们可以让员工有选择岗位的机会，但岗位的流动要把握好度，太过频繁也会产生一些问题。下面以海尔集团为例，来看看他们是如何做的。

海尔将全体员工分为了优秀员工、合格员工和试用员工 3 种，这3 种员工分别享受不同的待遇，包括工龄补贴、工种补贴等，根据绩效高低，员工可进行动态转换。绩效突出的员工可"上转"，例如合格员工转为优秀员工，反之，绩效不佳的员工要"下转"。海尔的这一管理办法被称为"三工并存，动态转换"，可以看出这一管理办法将正激励和负激励结合了起来。

另外，海尔拥有一套完善、明确的绩效考核制度，根据考核制度，员工可以很清楚地知道自己什么时候可以转换。对于干部的选拔，海尔实行的是公开招聘、公平竞争、择优聘用的原则，采取"竞争上岗、届满轮换"的制度，让优秀员工能有更广阔的发展空间，这就保证了转换的公平性。从海尔设计的绩效目标来看，其目标有一定难度，但并非是高不可攀的，这保证了员工通过努力就能有"上转"的机会，可以充分调动员工的积极性。

在这种模式下，海尔让每位员工都有竞争的机会，也让每位员工都有危机感，因为"坐吃山空"的员工迟早会被轮换。压力与动力并存的管理模式，让海尔实现了高效绩效管理。

从海尔的案例可以看出，绩效管理是可以和岗位竞争结合在一起的，这种做法可以让员工有竞争意识，引导员工不断拓展自己的能力。

10.1.3 追求个体与团队绩效的平衡

我在与企业管理者交流时，常常会聊到这样的话题：员工都完成了绩效指标，为什么企业的绩效不升反降呢？

这是许多企业都遇到过的问题，反映出的是个体绩效和团队绩效的失衡，我们来分析一下为什么会失衡。

在设计绩效指标时，为了明确目标，我们常常会设置量化指标，而忽略那些不可量化因素，而这些不可量化的因素有时反而会对企业绩效产生较大影响。如对客服人员进行考核时，我们规定了其每月的电话考核量，这样指标确实得到量化了，他们很容易完成绩效指标，同时也使得考核更容易进行。但这些电话中有多少通电话是解决了客户的问题的，有多少客户是满意的，我们无从得知，而这些恰恰是影响团队绩效的关键。

在这种情况下，团队绩效和个人绩效自然就对接不上了，这就产生了员工都完成了绩效指标，但企业的绩效不升反降的问题。

另一个原因是绩效指标的设计不是从上而下进行的，而仅仅是根据员工的岗位职责来设计的，这就会导致员工的绩效指标与企业的绩效指标没有关联性，个人绩效和团队绩效失衡。

找到绩效失衡的原因后，我们就可以做到有的放矢。在设计绩效指标时要从上而下的进行，保证定量指标和定性指标结合时的适用性。在绩效结果的应用环节，将个体绩效与团队绩效挂钩，这样员工的考核结果会受自身的绩效结果和团队的绩效结果的双重影响，员工就不会为了追求个人利益而忽视了团队利益。

10.1.4 支持性部门的绩效平衡设计

我相信大多数人都明白，在一个企业中，行政、后勤以及人力资源等支持性部门虽然不直接产生利润，但却对业务部门的正常运转起着不可忽视的作用。因此如何对这些部门进行绩效管理也是不能忽视的问题，下面来看一个案例。

某公司的行政和后勤部门等支持性部门有很多资历较老的员工，这些员工凭着自己"老员工"的身份，每天过着拿工资混日子的生活，导致部门工作效率极低。

这天，采购部的一名员工要进行库存查询，但库管员却因为忙着玩游戏而耽误了采购部的查询，导致采购部的采购工作不能进行。公司销售部经理打算辞掉一名不适合销售岗位的员工，他将这一问题反馈给了人力资源部，但人力资源部迟迟没有给予回复，导致这名员工一直占据着公司的资源。

在这样的情形下，即使采购部和销售部工作很认真负责，但想要创造出良好的业绩也很难。

从上述案例可以看出支持性部门对业务开展的重要作用，在对支持性部门进行绩效管理时，有一个比较突出的问题：这些部门的工作价值难以衡量。这是由于支持性部门的特点所造成的，支持性部门的工作内容主要是为公司业务人员以及其他部门提供支持和服务，这些部门不直接产生成果，且临时性和协作性的事务多，因此对其实施绩效管理比较难。

为了更有效地对支持性部门进行绩效管理，我们要根据支持性部门的工作特点来对其进行管理。在对支持性部门进行考核时，要更多地采用定性指标，并注重过程管理，可通过设计周边部门评价指标来让其他部门成为支持性部门的考核者之一。

有些企业是这样做的：他们将业务部的综合业绩与支持性岗位挂钩，如某企业行政主管的工资由基本工资＋提成构成，其提成的多少来源于销售部业绩的好坏，销售部业绩好，行政主管的提成就多，反之则少。行政主管为了获得更多薪酬，自然会对自己的工作负责，辅助销售部做好业务工作。

10.2
让全体员工达成绩效共识

每当说起绩效管理，不少管理者首先想到的是"看上去很美，吃上去烫嘴"这一感受。在没做绩效管理前，企业看到的往往是工作落实不到位、部门不能有效协作等问题，便希望绩效管理这一"神药"能药到病除。

结果实施绩效管理后发现，不仅没有成效，还带来了新的问题，于是轰轰烈烈开始的绩效管理就此落下帷幕。于是有管理者纳闷了，怎么绩效管理没有为企业创造出一派欣欣向荣的新局面。

其实，从我们推行绩效管理过程中的做法就可以找出问题的关键所在。在推行绩效管理的过程中，我们往往会花大量精力去设计绩效管理方案，设计各种绩效指标，构建绩效循环系统。不可否认的是，这些都是不可缺少的，但也可以看到，这些都属于"刚性"机制。如要真正改变员工，仅仅靠"刚性"约束是不够的，还要辅以"柔性"，即员工的意识和习惯，而这正是我们容易忽视的地方。

10.2.1 管理者和员工意识改变的重要性

在绩效管理推行之初，如果员工的思想没有转变，仍然习惯于传统的管理方式，那么绩效管理的实施必将遭遇重重阻力。下面我为大家讲一个稻盛和夫拯救日航的故事，看了这个故事后相信大家都能理解建立员工意识为什么很重要了。

稻盛和夫拯救日航是一件被称为"奇迹"的事情，这名日本企业家只花了短短 3 个月的时间就让沉疴在身的日航扭亏为盈，那么奇迹是怎么发生的呢？

2009 年，世界第三大航空公司日航宣布破产，日本政府恳请 78 岁高龄的稻盛和夫出任日本航空公司的董事长。正当大家以为这位企业家不会重新出山时，在 2010 年，稻盛和夫临危受命接手了破产的日航。不过稻盛和夫提出了自己的出山条件：一是零薪水担任日航董事长；二是他不会带团队去日航，因为他的公司成员对航空运输并不了解。

初到日航时，稻盛和夫很失望。因为日航虽然宣布了破产，但上上下下并没有危机感。更让稻盛和夫惊讶的是，在名义上日航已改制为民营企业，但管理者并不懂经营管理，管理者与员工之间如一盘散沙，各行其是。面对这种情境，作为董事长，稻盛和夫开始了自己的改革。

3个月后，日航盈利扭亏为盈，到2011年3月底，仅14个月，日航2010年盈利全球行业第一。到2012年3月底，日航盈利再创新高，两年后稻盛和夫功成身退，因为即使稻盛和夫离开日航，日航也能继续健康地发展了。

人们很疑惑，是什么让日航在短时间内发生这样的转变呢？这一秘密有以下3点。

第一点：植入经营哲学、理念，转变员工思想。

面对员工们服务意识和经营者核算意识薄弱，经营干部和一般员工关系松散这一问题，稻盛和夫开始分部门开会，经过连续几天的会议，管理者的经营意识开始发生变化。为了对"官僚体制"进行彻底的改革，稻盛和夫开始组织学习会。稻盛和夫认为仅仅改变管理者的思想还不够，还必须把经营服务意识传递给每位员工，让员工和他拥有共同的价值观和经营理念。最终员工们的心被稻盛哲学和经营理念紧紧地抓住了，员工们都在讨论为了重建日航，自己该做些什么。

第二点：导入经营会计体系，改变内部经营体制。

日航长期以来多数航线亏损主要原因在于管理者并不清楚航线和航班的损益情况，这体现了管理者普遍缺乏的数字意识。为了改变这一现状，稻盛和夫引进了经营会计体系。用看得见的数字来分析公司存在的问题，让各个部门的数据做到即有即报，以便让管理者随时掌握公司的经营实况。导入经营会计不久，员工们很快建立了盈亏意识。

第三点：引入阿米巴分部门的核算体制。

为了更好地让经营会计发挥作用，稻盛和夫引进了阿米巴分部门的核算经营体制，实行了航线单独核算制度。即将每条航线划分成一个个独立的小集体，每条航线有一个责任人，让员工主动参与航线经营，使每个小集体都对航线很清楚，这样小集体的经营意识就逐渐增强了。

从这个故事中我们可以得到很多启示，首先稻盛和夫零工资的奉献给了全体员工精神鼓励，这无疑给了全体员工一个很好的榜样。我们并不是要求管理者像稻盛和夫一样不求回报，只是希望管理者能以身作则，在绩效管理中，管理者的带头作用很重要。

从稻盛和夫拯救日航的过程中，我们可以看到，他首先做的是从人心出发，改变管理者和员工的思想。可以说，经营哲学是日航再度腾飞的灵魂。而稻盛和夫自己也说："只要注入经营真谛，日航一定能重获新生。"不同的领导者带领着同样的日航人，一个导致日航破产，一个让日航重获新生，最大的原因恐怕在于稻盛和夫更懂得如何经营人心。

回到绩效管理中来，企业的绩效管理也不能做一个没有灵魂的工具，只有让员工拥有绩效管理的理念，才能让绩效管理运行顺畅。

10.2.2 塑造企业的绩效文化

面对这个话题，我想有的管理者可能会有疑问：什么是绩效文化？什么是企业文化？这里先解释一下这个概念。

绩效文化指企业基于长远发展方向和愿景，通过对公司战略、人力资源、财务、团队建设等一系列有效的整合与绩效评价、考核体系的建立与完善，让员工逐步确立起企业所倡导的共同价值观，逐步形成以追求高绩效为核心的优秀企业文化。具体表现为组织的简约、流程的畅通、工艺的改进、工作的熟练、员工的职业化等。

在我以前做咨询时，发现有的企业的绩效可以用两个字来形容——低效。低效的原因在于忘记了实行绩效管理的初衷，没有关注绩效文化的建设。可以说绩效文化是绩效管理体系的血液，拥有了文化的土壤，绩效管理这一体系才能茁壮成长。

事实证明，良好的企业文化能让员工相信自己是在优秀的公司工作，而良好的绩效文化能让员工有强烈的主人翁意识。绩效文化和企业文化同出一脉，它们都是一种价值观，这种价值观会让员工思想与企业方向一致，下面我想和大家分享阿里巴巴的绩效管理。

阿里巴巴的绩效管理比较有特点，其将绩效管理和价值观贯彻结合了起来，而这正是阿里持续获得高绩效的关键因素。

阿里绩效管理体系的框架借鉴自通用电气，在此基础上，形成了具有自身特点的绩效管理体系。

一、高绩效目标

对个人绩效的考核，阿里采用 5 分打分制，但在阿里没有人能拿 5分。可以看到的是，只有大概 20% 的阿里员工可以拿到 4 分及以上，而要拿到这 4 分也并不容易，因为要得到这 4 分不仅要非常努力，还要有创造性。这种考评方式体现了阿里的指导思想：低目标会降低你对自己的要求，你可以不拿到 5 分和 4 分，但我要确定你已经尽了 12分的努力去实现 5 分和 4 分。

二、独特的价值观考核

阿里将价值观的考核纳入了绩效考核体系中，而且价值观考核所占的比例并不低，价值观考核与业务考核各占 50% 的比重。这种考核方式将硬考核与软资产结合了起来。

价值观是比较难以衡量的，那么阿里是如何对其进行考核的呢？

在阿里的价值观考核指标中可以发现，其囊括了高绩效的价值观导向以及具体的方式方法。阿里将抽象的价值观分解为了具体的行为标准，同时也突出了业绩导向的取向。下表所示为阿里价值观考核内容及评价标准。

考核项目	标准	分值
客户第一	尊重他人，随时随地维护阿里巴巴形象	1 分
	微笑面对投诉和受到的委屈，积极主动地在工作中为客户解决问题	2 分
	与客户交流过程中，即使不是自己的责任，也不推诿	3 分
	站在客户的立场思考问题，在坚持原则的基础上，最终让客户和公司都满意	4 分
	具有超前服务意识，防患于未然	5 分
团队合作	积极融入团队，乐于接受同事的帮助，配合团队完成工作	1 分
	决策前发表建设性意见，充分参与团队讨论；决策后无论个人是否有异议，必须从言行上完全予以支持	2 分
	积极主动分享业务知识和经验；主动给予同事必要的帮助；善于利用团队的力量解决问题和困难	3 分
	善于和不同类型的同事合作，不将个人喜好带入工作，充分体现"对事不对人"的原则	4 分
	有主人翁意识，积极正面地影响团队，改善团队士气和氛围	5 分
拥抱变化	适应公司的日常变化，不抱怨	1 分
	面对变化，理性对待，充分沟通，诚意配合	2 分
	对变化产生的困难和挫折，能自我调整，并正面影响和带动同事	3 分
	在工作中有前瞻意识，建立新方法、新思路	4 分
	创造变化，并带来绩效突破性地提高	5 分

续表

考核项目	标准	分值
诚信	诚实正直，言行一致，不受利益和压力的影响	1分
	通过正确的渠道和流程，准确表达自己的观点；表达批评意见的同时能提出相应建议，直言有讳	2分
	不传播未经证实的消息，不背后不负责任地议论事和人，并能正面引导	3分
	勇于承认错误，敢于承担责任；客观反映问题，对损害公司利益的不诚信行为严厉制止	4分
	能持续一贯地执行以上标准	5分
激情	喜欢自己的工作，认同企业文化	1分
	顾全大局，不计较个人得失	2分
	以积极乐观的心态面对日常工作，不断自我激励，努力提升业绩	3分
	碰到困难和挫折的时候永不放弃，不断寻求突破，并获得成功	4分
	不断设定更高的目标，今天的最好表现是明天的最低要求	5分
敬业	上班时间只做与工作有关的事情；没有因工作失职而造成的重复错误	1分
	今天的事不推到明天，遵循必要的工作流程	2分
	持续学习，自我完善，做事情充分体现以结果为导向	3分
	能根据轻重缓急来正确安排工作优先级，做正确的事	4分
	遵循但不拘泥于工作流程，化繁为简，用较小的投入获得较大的工作成果	5分

　　阿里的价值观考核其目的不在于考核本身，而在于传递和强化企业的价值观。虽然进行了价值观考核，但在具体执行时，阿里不会因为员工的价值观考核分数低就开除员工，除非该员工越过道德底线。

因为在阿里看来，价值观没有绝对的对错，价值观考核是为了员工越做越好。

阿里之所以要实施价值观考核，有其历史原因。阿里在创立时只有18人，经过10年的发展，员工数量增长了近1000倍。这给阿里带来了一个问题：创业时价值观的稀释。创业文化的流失让阿里意识到，如果不去推广价值观，价值观就会如手里抓沙一样，一点点流失掉。而且在当时，阿里的年轻人有很多，这些年轻员工都需要补课。这两点原因促使阿里将价值观与绩效考核挂钩。

看了阿里的绩效管理，接下来我们来解决如何塑造企业的绩效文化这一问题，我认为可以从以下几个方面来塑造。

◆ 统一思想，提升向心力

在一个企业中，个人由于环境、教育以及家庭等因素的影响，其价值观也会不同。对企业来说，比较重要的是企业的愿景可能和员工的愿景不一致，如果员工追求的目标与企业不一致，那么如何让大家向一个目标去奋斗，因此要统一思想。我们可以由小及大地统一思想，首先统一管理者的思想，再统一全体员工的思想。将企业文化灌输给员工，让绩效管理接受企业文化的指导，并塑造具有本企业特色的绩效文化。

◆ 加强沟通与交流

要建立绩效文化，就要加强沟通与交流，将企业的战略、想法和价值观传递给员工，而整个绩效管理的过程中也离不开沟通，沟通是统一思想的根本。

◆ 构建吻合企业文化的绩效考核体系

绩效管理不应该是冷冰冰的工具，我们要让它变得有血有肉，要把绩效管理变得更加人性化，而不是让它成为让人畏惧的工具。我们可以将文化理念灌输于考核中，构建符合公司文化的绩效考核体系。

10.2.3 建立个人和组织的信任感

员工信任感从何而来？我想是从重守承诺开始的。我曾经到一个公司做过培训，聊天时，该公司管理者给我讲了关于他们公司在导入绩效管理时犯的一个错误。

引入绩效管理体系后，该公司成立了绩效小组来负责推行绩效管理。该公司的领导很重视这件事，经常询问绩效小组的工作进展情况。绩效小组也没有闲着，为了让员工接受绩效管理，做了大量的宣传，一时间，公司内部从管理者到员工，只要聊天都会聊到新的绩效管理制度。

年底了，绩效考评的时候到了。可人力资源部却向全体员工发了一份公告，公告表示新的绩效管理制度存在不合理之处，需要改进，年底的考核仍按原标准实施。公告一出，公司上下顿时议论纷纷，大家都认为公司在"忽悠"他们，而人力资源部似乎没有意识到这件事情的严重性。

经过绩效管理体系的改进后，该公司向员工发出实行新的绩效管理制度的通知，这时不少员工提出了反对，因为他们害怕相同的事情再次发生。尽管人力资源部拍着胸脯保证不会再出现类似的状况，但员工仍表示不信任，这使得该公司的绩效管理制度难以推行。

从上面的例子可以看出，该公司忽略了承诺的兑现，在此之前也没有和员工沟通过，自然会造成员工的不信任，以致员工抵制新的绩效制度。

建立信任感很难，但要毁掉信任感只需一分钟就可以了。在绩效管理中，管理者一定要重守承诺，这种承诺表现在绩效管理制度中对员工作出的约定，如绩效考核的程序、考核的内容和形式、考核结果应用等。对于这些约定，一定要兑现承诺，这样才能使员工对绩效制度产生信任感，员工才会服从公司的管理。

10.3
合理化绩效考核评估

绩效考核事关每一位员工的发展，不合理的绩效考核起不到激励和约束的作用，下面就来看绩效考核合理化要关注的细节。

10.3.1 让绩效评估透明化

谈到绩效评估，很多员工首先想到的是，这是人力资源部的事，这是部门经理的事，与我无关。员工之所以会有这样的看法是因为很多企业的绩效评估都是这样做的，在绩效评估时由直线经理和人力资源部根据员工平时表现进行打分，而员工对评估过程并不了解，他们看到的只是最终的考评结果。

这样做的结果可能会造成被考核人对绩效考核结果的不信任感，造成这种不信任感的原因有多种，如员工高估了自己的工作表现、经理不了解每位员工的实际工作情况等。我们可以通过让绩效评估过程透明化来解决这个问题。

封闭的管理容易让绩效评估成为"填表游戏"，使得上级给出机械的考评，而如果评估方法、评判标准以及评估过程是透明的，这样就把暗的东西摆上了台面，就会以透明赢得公平，赢得人心。

那么如何让绩效评估过程公正透明呢？我们可以让员工参与绩效评估的过程，具体做法可以是让员工推举大家认可的员工进入绩效评估小组，由于员工代表与其他员工属于同一层级，因此他们更能取得员工集体的信任。

在每个绩效评估小组中，员工代表的数量以 2～3 人为宜。这些员工代表能参与绩效评估的整个过程，他们要负责监督绩效评估的结果，发现绩效评估存在的问题，提出合理的建议。

除了可以选举员工代表让其参与到绩效评估小组外，还可以通过员工自我评定的方式，让每个员工都能参与到绩效评估这一工作中来。当然员工对自己的判断与管理者的判断往往会存在差距，这些是需要考虑到的问题。

既然设计了自我评估的环节，那么在具体评定时，就要让员工的自我评估占有一定的权重，使员工的自我评估有一个比较客观的反映。为了让员工的自我评估更具有真实性和有效性，可以让员工说明评估理由，出具相关证明。

10.3.2 评估绩效考核中的特殊能力

在评估员工的工作能力时，我们常常只关注了员工平时的工作表现，而没有考虑员工的特殊能力。常规的能力是员工完成本职工作所必须的，但特殊能力却可以让员工做出特殊贡献。

特殊能力可从员工对企业做出的特殊贡献中体现，因此企业可以设置特殊贡献奖，以激发员工的潜力，肯定员工为企业做出的贡献。

让员工除做好本职工作外，还能提升自己的特殊能力，如下所示为某公司特殊贡献奖的具体方案。

关于特殊贡献奖的具体方案

为鼓励员工建言献策，提高员工工作积极性，让员工适应企业发展需求，提升企业竞争力，公司决定于20××年起设立"特殊贡献员工奖"，以表彰工作积极，表现突出的员工。具体考核标准与奖励方案如下：

一、人才推荐奖

为鼓励员工参与公司人才引进工作，及时补充岗位人员缺口，提升企业人才竞争力，特设"人才推荐奖"，对推荐企业外部人员入职的员工予以奖励（办公室人事岗位员工不享受此奖励）。

1. 被推荐人员需面试成功并办理入职后在公司工作满3个月，推荐者方可享受此奖项；

2. 推荐者如需申请领取"人才推荐奖"，需在办公室领取申请表进行填写，由办公室负责核实情况是否属实；

3. 本奖以现金形式发放，具体奖励金额以员工具体岗位不同设置如下：员工级（办公室普通员工、客服专员、水电工、保安、保洁、炊事员）：50元／人；主管级（客服主管、保安主管、工程主管）：100元／人；部门经理级（办公室主任、客服经理、工程部经理）：150元／人；

4. 同时年终对年度推荐人员较多且所推荐人员稳定性较高的员工予以奖励，具体奖励金额可设置为150～300元；

5. 本奖项非定期发放，由员工自行申请，核实情况属实，部门批准，即可发放。

二、先进员工奖

1. 本奖项每年评选一次，起止日期为该年度1月1日～该年度12月31日；

2. 得奖者暂定3名，分三大类别，每类别获奖员工一名，以下3方面符合其中一项的员工即可参与此奖项评定：

（1）积极献策，且被公司采纳，对管理效率及质量带来改善的；

（2）工作表现突出的普通员工，年度月平均绩效分数需达到92分以上；

（3）各部门主管及主管以上级别员工，月平均绩效分数80分以上者。同时此奖荣誉可计入员工在本公司的档案中，用于以后其它奖项评定。

3. 参加此奖项评定的员工需符合以下所有条件：

（1）已正式入职，且入职满半年以上；

（2）该年度未出现因工作疏忽造成公司重大损失或未被业主投诉3次（包括3次）以上；

（3）该年度未出现因违纪被罚款两次（包括两次）以上；

（4）绩效考核未弄虚作假。

4. 奖项评定流程

（1）此奖项评定前需由办公室统计出满足以上4项条件的员工名单及此类员工月平均绩效分，并在公告栏公布出来；

（2）符合条件并愿参与奖项评定的员工在办公室自行领取申请表格填写并在指定日期之内交回办公室；

（3）办公室制定评定表格进行下发，由与参与奖项评定员工工作关系密切的上级、同事及其下属以匿名形式进行评分（满分100分）。

办公室普通员工：公司副总、办公室其他员工、其他部门主管及其他 4 个部门员工随机选取各两名；客服普通员工：客服主管、办公室主任、客服部其他员工、工程部主管及其维修工随机两名、保安主管、保洁主管；工程部维修工：工程部经理、工程主管、工程部其他同事、客服主管及其客服随机两名；保安部、保洁部：由部门主管及其部门其他同事；各部门主管：由总经理、副总、本部门下属、其他部门主管及其他部门员工各随机一名；经理级别以上待定；

（4）所发评定表由办公室负责收回，统计分数算出平均分（计分方式为个人所获总分除以参与为本人打分的人数），以每个参加评定者的平均分为依据进行排名。

5. 奖励发放方式

（1）以现金形式，在年终与工资分开发放；

（2）可授予奖状；

（3）现金标准为 400～500 元／人。

三、技术创新奖

1. 本奖项每年评选一次，起止日期为该年度 1 月 1 日～该年度 12 月 31 日；

2. 本奖项奖励名额一名，主要奖励工程部员工在设备保养、改造上因节能、延长寿命为公司利润提升带来的推动作用，鼓励更多员工发散思维，积极创新。同时此奖可计入员工在本公司的档案中，用于以后其它奖项评定程序；

3. 奖项评定流程

（1）由工程部主管在年终到办公室领取申请表，完整填写后在指定日期内交回办公室；

（2）由工程部经理核实名单，确认资格；

（3）办公室制定评定表格进行下发，由部门主管及本部门其他员工以匿名形式进行评分（满分100分）；

（4）所发评定表由办公室负责收回，统计分数，并对分数进行排名。

4. 奖励发放方式

（1）以现金形式，在年终与工资分开发放；

（2）可授予奖状；

（3）现金标准为500元／人。

5. 若出现以下任何一种情况，即可取消评定资格：

（1）本年度出现因工作疏忽为公司带来巨大经济损失；

（2）申请该奖项的技术创新乃抄袭本部门其它同事的技术成果；

（3）本年度被客户投诉3次（包括3次）以上者。

10.3.3 科学评估团队管理人员的绩效

团队的管理人员对每个企业来说都是很重要的，俗话说"千军易得，一将难求"，管理者就如同"将"，优秀的将领，带出来的团队都不会差。在战场上，评价一个将领是否优秀的标准通常就是看他能否打胜仗，而在企业中，对团队管理人员的考核评估要难得多。

针对企业中的管理者，我们也设置了相应的定量和定性指标，但考核下来却会发现评估的结果与团队的表现不符。那么问题出在哪里呢？来看一个案例。

某公司对其销售部经理进行考核，根据该销售部经理的业绩表现来看，其个人销售额在本年度有大幅提升，所以评估小组中大部分人认为该销售经理的绩效等级应为"优"。但有人提出了反对，理由是从整个销售部的业绩来看，销售业绩并没有提升，反而略有下降，因此评"优"不合理。于是评估小组对销售部经理是否评"优"展开了争论。

看了上述案例，相信大家也对该销售经理是否可以评"优"有着不同的意见。在本案例中，之所以会出现评估问题究其原因在于评估标准不合理。我们知道，能成为一个企业的销售经理，那么他当然是企业的业务精英，但同时其还要肩负管理和指导下属工作的职责。那么单从业绩来看，对销售经理进行评估是看个人业绩还是团队业绩呢？我的看法是团队业绩所占的权重应远大于个人业绩。我们要明白，销售经理不是业务员，如果你仅仅是个人业绩干得好，而不懂得带团队，那么你的定位应是业务员，而不是管理者，你或许能成为业务精英，但并不一定适合管理者这个职位。

当然，在实践中很多企业的销售经理并不自己做业务，他们的工作主要是帮助下属完成业绩，工资也与团队业绩挂钩，因此就不存在个人业绩和团队业绩冲突的问题。

在绩效管理中，不管是对销售经理还是其他团队管理人员进行考核，都可以从核心业务能力以及团队成长性两方面来考虑。核心业务能力包括个人业绩和团队业绩两方面，团队成长性指团队的合作能力、成长能力以及协调能力等。

在设计具体的考核标准时，要依据管理者的岗位职责和企业的发展阶段来考核。如果企业处于初创期，那么业绩所占的权重就要大，因为企业现阶段的主要目标应是抢占市场，谋求生存；如果企业处于稳定期，那么管理能力所占的权重就要大。

绩效沟通和辅导的细节

作为管理者，除了要了解员工的工作情况外，还需要对员工进行沟通和辅导，让员工提升工作能力。

10.4.1 善于倾听员工的自我评价

倾听是了解下属的一种方式，同时也是一种与人交往的智慧。我们在与自己的下属进行绩效沟通时，应先听听他对自己的看法，然后再进行有针对性的沟通。在听时要做到有耐心，别急着下主观判断，如下面这个故事。

美国知名主持人林克莱特在一档节目中访问一名小朋友，他问小朋友："你长大后想要做什么呀？"

小朋友认真地回答："我要开飞机，当飞机的驾驶员。"

林克莱特接着问："如果有一天，你的飞机飞到太平洋上空所有引擎都熄火了，你会怎么办？"

小朋友想了想："我会先告诉坐在飞机上的人绑好安全带，然后挂上我的降落伞跳出去。"

话一出口，在场的观众都笑得东倒西歪。林克莱特继续注视着这孩子，想看他是不是自作聪明的家伙。没想到，接着孩子的两行热泪夺眶而出，这使得林克莱特发觉这孩子的悲悯之心远非笔墨所能形容。

于是林克莱特问他："为什么你要这么做？"

小孩的回答透露了这个孩子的真挚想法："我要去拿燃料，我还要回来。"

这个故事告诉我们，听话不要听一半，要用心听，虚心听。倾听可以帮助管理者赢得下属的信任，帮助管理者更好地解决问题。在绩效沟通中，管理者要如何倾听呢？

- ◆ 倾听时不要立马做出否定的判断，等下属把话说完。
- ◆ 当下属无法阐述自己的想法或没有抓住重点时，给予鼓励和引导，再让其继续。
- ◆ 当对下属的观点赞同时，适时运用肢体语言表示肯定，如点头。
- ◆ 倾听时做好记录，将有疑问或不认可的地方写下来，以免自己将想要提出的问题忘得一干二净了。

10.4.2 绩效敏感话题的沟通

在绩效沟通中，对员工绩效结果和奖惩的沟通是比较敏感的话题，因为这涉及到员工的切身利益，如果员工不认同可能会反应激烈。那么面对绩效敏感问题，管理者要如何与员工沟通呢？

（1）明确奖惩的标准

很多时候冲突的产生往往在于员工对奖惩标准不理解，因此在与员工进行绩效结果奖惩沟通时要让其了解奖惩制度，具体方法包括提前告知、按章办事和提供证据。

提前告知是一种前端控制手段，即在员工入职时便让员工了解企业的绩效管理制度、规章管理制度等其他相关管理制度。以避免员工日后以"不知道有这一规定"为借口。为了方便员工随时查阅企业的管理制度规定，可以在人力资源部放一本企业规章制度手册，让员工可以随时参阅。

按章办事是指管理者应严格按照公司制度的规定给予员工奖惩，而不能让员工认为自己受到了不公平的对待。在给予员工奖惩时，可以给出相关的证明材料，看到证据后，员工就不会觉得是管理者的主观所为了。

（2）运用沟通方法

在使用了以上方法后，如果员工仍不接受自己的考核或奖惩结果，这时就需要运用一些沟通方法了。首先，管理者要心平气和，不能拍桌子对员工说："不管你认不认可，这都是公司的规定，有问题你自己去找人力资源部。"如果使用这样的语言，只会加深矛盾。

管理者不妨站在员工的角度考虑一下，用诚恳的态度与员工沟通，并表示自己对员工的支持和信任，让其说出自己的真实想法，积极引导员工的情绪，让员工冷静下来。冲动是魔鬼，当两人都用冷静和理性的思维来看待问题时，事情的解决会变得简单很多。

10.4.3 系统培训，促进个人绩效提升

对员工进行辅导仅仅靠管理者一人的力量是不够的，首先，管理者的时间和精力是有限的，他并不能做到面面俱到，对员工的辅导多是临时或随机的辅导。另外，管理者的指导多偏重于具体的工作方法，对于一些理论知识并不会讲太多，因此企业还需要对员工进行系统性的培训，企业可用的培训方式有以下几种。

◆ 聘请外部讲师做内训

这是常见也是很多企业都常用的培训方式，具体形式是聘请一位外部培训公司或自由职业的讲师，将需要培训的员工集中在一起，讲师根据培训的主题和内容，运用一定的培训技巧对员工进行为期半天或几天不等的系统性培训。

这种培训的优点在于，将员工集中在一起能增强培训的氛围，避免各种可能的干扰。另外，培训讲师具有专业的培训经验，能为员工带来新知识和技能，同时，员工的学习效果也相对较好。

但这种培训方式也有缺点，如成本较高，另外，培训讲师由于对企业的内部情况不了解，所讲授的知识和技能可能不太适用于本企业。除此之外，讲师所讲授的内容可能和企业的观念不同，由此可能引起冲突。

◆ 内部讲师内训

出于成本和效果的考虑，不少企业开始有意识地培养内部讲师，内部讲师可能由总经理、主管或业务精英担任。内部讲师了解企业的业务流程和内部环境，他们所培训的内容往往更贴合企业实际，也更具有针对性。其缺点在于，内部讲师培训的内容可能不够多样化，如仅停留于企业的业务层面。

◆ 会议讨论法

会议讨论法也是一种很好的培训方式，这种培训可以不定期进行，操作也比较灵活，可以是案例研讨法，也可以是角色扮演法或互动培训法等。

案例研讨法。是指通过对特定案例进行分析和讨论，让受训人员集思广益，共享集体的经验与意见。如对销售人员进行案例研讨法培训，可以选取销售部某一员工签单成功或不成功的典型案例，让销售人员分析这个案例中发生了什么问题，问题因何而起，解决对策是什么以及客户最终决定签单或没有成交的原因是什么。

角色扮演法。是一种模拟训练方法，由受训人员扮演某一场景中的角色，使他们真正体验到所扮演角色的感受与行为。同样以销售人员为例，我们可以让销售人员一对一地进行场景模拟，一个扮演客户，另一个扮演销售人员，让双方进行一次业务洽谈的模拟。以此来锻炼销售人员的业务能力，同时也让销售人员感受到当自己处于客户的位置时会考虑哪些问题。

互动培训法。是指通过游戏、讨论或提问的方式来培训的方法。目前用得较多的是提问法，即提出一个或多个问题，让员工思考并得出自己的结论。

除此之外，还有网上课程学习法、阅读式培训法等。这两种方法比较适合于有很好自觉性、自制力和理解力的员工。

绩效管理常见问题分析

回想一下，你在绩效管理工作中都遇到过哪些问题呢？这些问题是否都得到了很好地解决？如果有些问题还没有得到解决，我希望你不要忽视它。下面我将针对绩效管理实践中常见的一些问题进行分析，有类似问题的企业可以参考借鉴。

11.1

绩效管理推行的主要障碍

在绩效管理初期实践时，我相信不少管理者都有和我一样的体会，那就是绩效管理实施总是"雷声大雨点小"，推行起来比较困难。在这时，我们可能会对绩效管理这一工具产生怀疑，难道这一工具根本不适合本企业？或者本身就存在难以回避的问题？我承认，绩效管理这一工具确实具有一定局限性，但我们不能怀疑其先进性，至于适用性，这就要看企业如何根据自身实际灵活运用了。

11.1.1 员工排斥绩效考核，怎么办

绩效管理推行过程中，常见的阻力来自于员工。有的管理者比较激进，认为员工不配合绩效管理，就是不遵守公司管理制度，于是采取降薪降职或开除等方法解决。

我想说，这种解决办法根本就是治标不治本，还可能带来更多的负面影响。员工排斥绩效考核，我们要分析排斥的原因，再对症下药。现在，先来模拟一个场景，看看管理者眼中的绩效考核和员工眼中的绩效考核有什么不同。

◆ 管理者眼中的绩效考核

引入绩效管理对企业自然有很多好处，比如工资的组成由原来的单一工资变成了基本工资＋绩效工资。绩效工资和业绩挂钩，只要员工表现好就能获得更高的工资，当然表现不好也会影响个人收入。这

样的考核方式可以让员工更有压力，从而提高个人业绩，进而提高组织绩效，看起来绩效考核真是一个有用的好工具。

◆ 员工眼中的绩效考核

绩效考核开始了，原本每月我的工资是 3500 元，现在我的工资是 3000（固定工资）元 +500（绩效工资）元。通常情况下，我的表现处于中平位置，即 80 分。按照公司的考核方案，每月我的工资只能是 3000+500×80%=3400 元。现在，干同样的工作，我的工资少了 100 元，看起来绩效考核就是为了扣钱而制定的。

从上述两个情景可以看出，在管理者眼中和员工眼中，绩效考核是不一样的。但员工之所以会觉得绩效考核就是扣钱，是因为从绩效结果来看，如果考核达标，员工只能拿到和以前一样的工资，但如果考核没达标或离达标差距很大，就只能拿到更少的工资。

如果绩效考核的事实就是这样，管理者就要审视自己的绩效指标是否设定的科学、合理了。绩效考核要做到能激励员工，而不是让员工感到只有罚而没有奖。那么怎样才能激励呢？举个简单的例子：如果员工平时的工资是 5000 元，当他的绩效达标时，他能拿到最多 7000 元的工资，而如果他没有达到绩效指标，那么他就只能拿到 5000 元。这样员工会为了让自己的工资达到 7000 元而努力，绩效就起到了激励的作用。

这只是从考核本身来看，从反馈的方面来看，如果反馈不到位也会让员工排斥绩效考核。如绩效考核只是在截止日期前发个通知，平时则不管不问，这样员工怎么会不抱怨，因此要想让员工不排斥绩效考核还要做好思想工作。

11.1.2 不进行考核区分

不知道大家是否有这样的体会，在读书的时候，班级里总有一两个学霸，他们学习起来很轻松，考试可以很容易拿到好成绩。而对于那些资质平平的学生来说，无论怎么努力，要跟上学霸的步伐都很难，更别说超过学霸了。这时，如果老师还是以学霸的标准去要求他们，很明显是不合理的。

如果你的班级里没有学霸也没关系，举这个例子只是想告诉大家，在企业中，有很多管理者都是用"学霸"的标准来要求那些资质一般的员工，这样的标准肯定会遭到员工的消极应对。

在一个企业中，好、中、差会形成一个纺锤体，因此在制定绩效考核方案时，要以保证"中"那部分员工的稳定为底限，确保"中间体"在付出不减少的情况下，收入也不会减少。而对于高于"中"这个状态的，才考虑给予奖金、培训和晋升。

高于"中"这个状态的，一般就是我们说的精英。绩效考核中的多付出就能多收获，理应是为精英设计的，在具体制度和措施的制定上，应向他们倾斜。所以绩效考核加薪的部分可以以他们为准绳，达标的标准也就是他们的标准。

说了"好"和"中"，下面来看看"差"。对于拖后腿的员工，可能是企业需要警示、鞭策或需要淘汰的，但这部分员工毕竟只是少数，到底是警示、鞭策还是淘汰需要管理者自己去把握。

由此可见，在企业中实行绩效考核并不是"一把抓"，而要区别对待员工，针对不同的员工制定不同难度的绩效目标。针对不同达标情况的员工，给予不同的收获，这样才能起到应有的考核效果。在划分员工类型时，也不能简单的将其分为合格和不合格两个部分。

划分员工看起来很简单，无非就是将员工分为优、良、中、差，但实际操作起来并不简单，因为划分过程需要很多凭据，这一凭据包括员工信息的收集和绩效考核。这里提供两种员工信息收集的方法。

◆ 通过内部调查了解员工

很多管理者对自己的员工并不了解，比如员工的特长是什么，缺点有哪些，工作方式是怎么样的。如果对这些信息不清楚，就谈不上区分员工，因为在你眼中，所有员工都是一样的。管理者可以通过内部调查的方式了解自己的员工，如员工互评、个人小结等，为区别对待员工打好基础。

◆ 直接与员工交流

管理者要想对员工有所了解，就要与员工接触,试问不与他人相处，你又怎么能了解他人。一对一、一对多交谈是直接有效的方式，管理者可根据企业规模来选择交谈方式。

11.1.3 元老阻碍绩效推进工作，该怎么办

真的只有员工才会阻碍绩效管理制度的推行吗？答案是否定的。实际上，企业元老也可能阻碍绩效管理的推行。在我做培训时，一家企业的老板对我说，他的公司想要新聘一名绩效经理。我问他为什么，他的回答是：公司大部分员工都是老员工，这些员工从公司创立起就一直在公司，为公司的发展做出了贡献，但大家普遍比较散漫。如今企业有了一定规模，他想要加强管理，推行全员绩效。但这势必会引起这些老员工的阻碍，而他碍于情面，不想得罪人，所以他希望新聘一位绩效经理来做这一块的事情。

想一想，如果你是该企业新聘的绩效经理，您要如何搞定元老，

让绩效能顺利推行？这里，我们要先来看看这类企业的常见特点。

①这类企业的优势

◆ 老员工较多，工作资历深，忠诚度普遍较高。

◆ 工作业务流程熟练，不用担心本职工作做不好。

◆ 企业氛围相对融洽，员工之间比较和谐。

②这类企业的不足

◆ 容易满足现状，不愿接受新事物、新观念。

◆ 对创新工作有抵触情绪。

◆ 工作作风较松散，已经形成习惯，且不愿改变。

◆ 对新人容易摆资格。

◆ 不犯大错，但小错却不断，得过且过思想严重。

分析了这类企业的普遍问题后，接下来就要去解决这些问题。面对这类元老众多的企业，要想推行绩效管理，可不是一件容易的事。在推行时不能急于求成，要先摸底，再稳定人心，一步步的来。

（1）搞定元老，先要搞定的是老板

一个企业的老板突然要推行绩效管理，肯定是有原因的，要知道老板绝不会心血来潮去搞一件明知做起来会很难的事，并且绩效管理对企业来说还是一件大事。从零开始做绩效管理，老板的决心有多大，决定着绩效管理的成败。

因此，绩效经理首先要与老板沟通，弄清老板的真实想法，看看老板实施绩效管理的真实目的。是因为看到别人都在搞，自己也想搞，还是想要提高业绩，或是想要调动员工积极性。如果老板只是想跟跟潮流，那么你就要劝一劝老板了。当老板实施绩效管理的目的是正确的，且真正下定决心后，你才可以真正开始推行绩效管理工作。

（2）加强沟通，搞定元老

老板搞定后接下来就要搞定元老，搞定元老的关键是沟通。沟通要开诚布公，不能忽悠，也不能欺瞒。要向元老说明，为什么要做绩效，做绩效有哪些好处，对元老们的个人利益会产生哪些影响等。在沟通时要注意语气，试着客气点，因为元老们无论是年龄上，还是资历上，都可能是你的"前辈"，这些人连老板都要敬一分，你作为新上任的管理者当然不能小看他们。

当然仅凭绩效经理一人的努力是不够的，要动员老板，借助老板的力量进行沟通。毕竟绩效经理初来乍到要得到元老们的认可是需要时日的，而老板则不同，既然元老们愿意跟着老板打拼，那就意味着他们足够信服和认可这个人，所以老板的讲话会比绩效经理有说服力得多。

（3）设计合理的绩效方案

因为企业元老众多，因此在设计绩效考核方案时，也要考虑到元老们的利益，比如可以设置工龄津贴等对元老们来说有益的绩效措施。在设定具体绩效指标时，要与老板、元老、人力资源部和员工代表进行讨论、协商，并结合企业文化、行业特点制定合理的绩效方案，并尽最大可能达成共识，以减少阻力。

（4）循序渐进，不断完善，不断沟通

在开始推行绩效管理时，不要追求完美，也不要急于求成，应循序渐进，经常沟通，如果有所偏离就及时调整，在试错中不断改进，不断提高。在具体执行上，可以先模拟运行两三个月，不直接将考核结果与工资、奖惩挂钩，再根据每月的考核结果调整指标。如果考核结果的分布区间是中间大，两头小，那么就比较合理了，可以开始实际运行了。

11.1.4 如何让各部门为绩效工作拉车

先给大家分享一个故事。

养牛的时候需要让牛多喝水，因为这样牛会长的快一些。那么怎样才能让牛喝水呢？

一农夫采用了"灌水法"，即强制灌下去。结果费时费力，关键是牛并不配合，牛被搞急了，还因此踢了农夫几脚。

另一农夫采用了"盐草法"，即在草料中加一点盐，牛吃的盐较多，喝的水自然也多了。

我想这个小故事可以启发我们回答"如何让各部门为绩效工作拉车"这一问题，即要让各部门有执行绩效管理的动力和动机，让他们能主动来做绩效管理，具体可从以下几方面来着手。

（1）领导重视，规范管理

在实施绩效管理的过程中，如果领导都不重视，各部门更不会把绩效当一回事，因此管理者首先要让领导对绩效管理引起重视，并做好带头示范作用，这样其他员工才会把绩效这件事放在心上。

（2）明确各直线经理的职责

找对人才能办对事，想要各部门自发配合绩效管理工作，就得先搞定部门经理，让各部门经理明确自己的绩效管理责任和义务。在这一过程中，需要不断地灌输理念、行动指导和过程监控。很多部门经理认为绩效管理只是人力资源部的事，是人力资源部给各部门布置的额外任务，这种观念会导致部门经理对绩效考核草草了事，因此我们要让各部门认识到绩效考核不是给他们找麻烦。

（3）建立绩效管理责任追求机制

无规矩不成方圆，要让部门经理对绩效管理引起足够的重视，就要有明确的责任追求和奖罚机制。如不按时对员工进行考核、提供不实的绩效评分，将会受到相应的惩罚。如下所示为海尔集团绩效管理制度中针对绩效评估制定的责任追求机制。

各级直线经理于每季度末次月 15 日前对下属员工上季度指标完成情况进行评估，因个人原因未完成对下属员工绩效评估的，直线经理当季度 PBC 结果为 D，季薪不予发放；下属员工以上季度考评为准兑现季薪，待绩效评估完成后，季薪按实际考评结果于下季度补发。

各级直线经理因个人原因造成本部门强制分布比例不合理的，直线经理当季度 PBC 结果为 D，季薪不予发放；待绩效结果符合强制分布比例后，下属员工季薪按实际考评结果于下季度补发。

绩效评估结果弄虚作假的，依据《海尔商业行为规范》处理。

各级直线经理对下属员工的绩效评估结果不合理，引起员工合理申述，在各级直线经理的季度 PBC 考核中的员工管理指标扣 10 分。

11.1.5 对关系户的绩效考核要注意哪些事项

"关系户"是不少企业无法回避的一个问题，当绩效推行到"关系户"的头上时，通常会面临一些阻力。对于这些"不能得罪"的人员，要如何减少他们对绩效管理的阻力呢？我的建议有以下几点。

◆ 及时总结，调整到位

绩效管理体系的完善和建设是需要时间的，在这一过程中，要及时总结，找出关系户阻碍绩效推行的原因，并调整完善。

◆ 平等对待，对事不对人

公司实施绩效管理，面对的是全体员工。对待"关系户"，不能将他们和其他员工区分开，应该一视同仁，公平对待。不能因为他们是某领导的亲戚或老板的朋友就不实事求是地进行绩效考评，而要做到对事不对人，对岗不对人。对于那些长期工作不力，行为懒散，对工作不负责的"关系户"可以按照公司绩效管理制度进行惩罚，以起到震慑的作用。

◆ 沟通到位，培训及时

在日常工作中，要对关系户做好沟通和培训工作，让关系户清楚企业推行绩效管理的决心，引导关系户认同企业的管理制度，这样能降低管理的障碍。

◆ 借力发力，巧用外力

有时候对"关系户"进行管理，由人力资源部直接出面并不能起到很好的效果，此时可以通过关系户的引荐人或领导出面协助进行处理。对于不认可企业文化、管理制度或不适合该岗位的"关系户"，可以引荐其到其他公司任职，或推荐其到更适合他的部门工作，将合适的人放在合适的岗位上，一定程度上能避免关系户带来的管理问题。

11.1.6 部门负责人不愿配合推行绩效怎么办

现在我要为大家出一个难题，这个难题如下。

情景案例：

公司基本情况：公司成立已经有 5 年了，一直没有绩效考核。目前公司发展稳定，准备进行绩效考核。

难题一：各部门负责人不配合人力资源部的工作，找各种理由搪塞，有的则不表态，持观望态度。

难题二：由于各部门负责人的不配合，当前，绩效推行处于难以实施的状态。

问：你要如何让部门负责人愿意配合绩效考核。

首先，我们来分析一下部门负责人不配合绩效考核工作的原因，常见的原因如下所示。

◆ 不愿意改变。

◆ 怕麻烦。

◆ 不懂绩效考核。

面对以上原因，我们要各个击破，具体方法如下所示。

先从部门负责人开始。既然公司要推行绩效考核，那么部门负责人也应该成为被考核者之一。人力资源部可先从各部门负责人自身开始，从上往下建立绩效考核方案，并征得领导的同意，让领导先考核负责人，现在领导都发话了，各部门负责人还能说什么呢。

达成思想上的统一。人力资源部要和各部门负责人分析绩效考核的优势，让他们了解绩效考核能对他们的工作带来怎样的帮助，使负责人理解绩效考核的基本思想和理念。

让负责人掌握绩效考核的方法。面对绩效考核这一新工具，部门负责人并不一定了解。针对这种情况，人力资源部要多下功夫，做好培训工作，让部门负责人掌握绩效考核的方法。

攻破绩效考核中的难题

在绩效管理中，绩效考核被不少管理者称为"世界性难题"。绩效考核之所以难，难在有不少"疑难杂症"，面对这些"疑难杂症"，很多管理者都束手无策，有的管理者是真想甩手不干，但现实告诉他们，硬着头皮也要上啊。

绩效考核是管理的重要方法和手段，已在许多企业中得到运用，我们可以从这些企业的实践经验、教训和心得中了解考核可能出现的难题和解决这些难题的对策。

11.2.1 为什么员工不喜欢考核

你们公司是否有这样的现象：制定考核指标时，部门负责人几乎不找员工交流，只是拿着原先的考核表，简单地改几个指标，让大家签个字就算完事了，而考核表的递交也一拖再拖，迟迟不交给人力资源部备案。考核开始了，部门负责人将火撒在人力资源部的头上，"你们的这个考核方法一点都不好，考评根本没法进行"、"下属都向我抱怨工资扣的不合理"。部分负责人撒完火以后，员工又开始抱怨了，"我辛辛苦苦工作，上级却给了这么低的分，这不是坑人吗"、"在公司没什么盼头，真想辞职不干了"。

人力资源部面对这些，真是有苦不能言。部门负责人不喜欢考核，员工排斥被考核，实际上人力资源部也不愿意组织考核。那么员工为什么会不喜欢考核呢？下面一起来分析。

绩效考核是一件能让人引起焦虑的事，因为考核意味着评价，这一焦虑感会引起大家对绩效考核的抵触和回避。而当不得不考核时，一旦员工获得了"坏"的结果，就习惯于对这一结果找解释。研究表明，大多数人趋向于把自己的失败归结到外部因素上，即当自己取得成功时，会认为是自己努力的结果，当自己失败时，会认为这是外部影响的结果。

正是因为这个原因，当员工获得"坏"的考核结果时，他们会认为这是上级或其他因素影响的结果，而不会反省自己。那么，是不是将考核结果做得准确、科学，就会避免这种情况呢？的确，当员工对考核结果满意时，他们将不会有抱怨，但这只是理想状态，现实是大多数员工都会对考核结果产生不满。

这种不满是由两个原因造成的，一是不公平感，这种不公平感是根据比较产生的。在工作中，员工会根据自己的付出和回报与其他员工来进行比较。从心理学的角度来看，人们总认为自己的成功来自于自身的努力，而别人的成功是因为运气，所以不公平感始终存在。

第二个原因是期望的落空。根据期望理论，每个员工都对自己的工作成果有预期，一般情况下，员工会高估自己。这样当预期有偏差时，就会产生不公平感。

那么有没有什么方法可以减少员工的这种不满意感呢？我们可以尝试以下方法。

提高公平感。确保考核方法和考核过程的公平、公开和公正。尽量采取客观的评价标准，减少人为因素，加强员工的过程沟通，让考核经得起检验。

减少考核对员工期望值的影响。弱化考核决定工资收入这一内容，强调考核对促进绩效改进和个人能力发展的作用。弱化员工对短期物质激励的追求，引导员工从长远发展、能力等方面来考虑问题。简单来讲就是不要只告诉员工考核后能拿到多少钱，还要告诉员工考核对个人能力的提高以及企业发展的重要性。

考核频次要恰当。考核的频次不是越多越好，应当适当。有的员工要按月考核，但有的员工可以按季考核，而管理者按半年、年度来考核就可以了。

11.2.2 如何处理绩效考核的反效果

有这样一个案例。

某设备企业的生产部有二十几名员工，该部门的员工比较懒散，经常延期交付设备。为了改变这种现状，公司开始在生产部实施绩效考核，人力资源部为生产部设计了指标扣分标准和加分标准，只有达到一定考核分值的员工才能拿到项目奖金。

可是绩效考核一推行就出现了问题，生产部主管对员工的考核采取不扣分，只加分的方式。本来不是人人都拿得到的奖金，现在大家都能拿到，更让人头疼的是，设备延期交付的问题并未得到解决。

面对上述案例中绩效考核造成的反效果，你会怎么办呢？现在带着你的答案，再来看一个故事。

在一场撑杆跳高比赛中，一选手在没违反比赛规则的前提下，找到了比赛规则中的漏洞，并借机取巧。

该选手是这样做的：他先走近沙坑，将手中的撑杆插进沙土中，把一端搭在高处的横梁上，然后顺着竿子爬上杆头越过横杆，再从另一边顺着竿子滑下来。

在场的观众都惊呆了，裁判很为难，因为该选手并没有违反比赛规则，最多只能算是投机取巧。裁判组在进行认真讨论后，最终还是取消了他的成绩。但该选手并不认可，随着裁判补充了比赛规则，要求选手在比赛时必须先有一段助跑。

在第二次试跳中，该选手助跑到了沙坑附近，但仍然故技重施，再次取得了好成绩。这次让裁判组更加难堪，于是裁判组不得不再次召开紧急会议。于是有了撑杆跳高的最后规定：撑杆跳高比赛必须要有助跑，并且不能交替使用双手动作。这一规则明确下来，一直沿用至今。

看了这个故事后，再回过头来看前面的案例，可以给我们以启发。我们先从考核的目的、指标、过程和结果来分析案例。

考核的目的：改变生产部延期交付设备的现状。

考核的指标：扣分和加分标准，达到一定分值可获得奖金。

考核的过程：生产部主管只加分不减分。

考核的结果：带来新的问题，旧问题仍没有得到解决。

根据上述 4 点，我们要思考以下内容。

①绩效考核体系是否如撑杆跳高"比赛规则"一样有漏洞，让主管有机可乘？

②绩效考核是否有审核机制，考核结果是否由一人说了算？

③考核指标和数据是否有问题，让考核变成变相加工资？

④考核者没有客观评价，是因为不懂绩效考核，还是有其他原因？

在思考了以上问题后，就要找出问题，并解决问题，我们可以对案例中的绩效考核进行一次 PDCA "检修"。

◆ P（plan）计划

通过分析此次绩效考核的问题和漏洞来完善绩效考核计划，补修漏洞，避免员工或主管钻空子。确定绩效指标数据来源，建立合理的绩效指标，让指标的考核有依据和说服力。生产部的绩效不仅仅是生产部一个部门的问题，还涉及其他部门的配合，因此要避免其他部门踢皮球造成生产部不能按期交付设备。

◆ D（Do）执行

对绩效考核的执行进行过程跟踪，对工作完成情况进行记录并备案，日常绩效数据结合工作报表上交，并建立监督机制，定期总结，及时发现问题并予以调整。

◆ C（Check）检查

成立绩效考核小组，对考核结果进行审核，防止考核主管个人主观判断导致绩效的失真。

◆ A（Action）实施行动

对检查的结果进行处理，对做得好的加以肯定，对不合理之处进行修正和完善。

知识加油站

不完善、不严谨的绩效考核体系，一定会出现很多问题，发现问题后要及时完善，也不要因为一时的困难而放弃，绩效管理是不断纠偏的动态管理。但如果只是头痛医头，脚痛医脚，那么会导致漏洞百出，要追究病根，从全局考虑其根本。

11.2.3 如何准确地衡量人和事

绩效考核不仅要考核这个人工作做得怎么样，还会考核这个人怎么样。考核一个人怎么样，通常会从以下 4 方面入手。

- ◆ **能力**：能力包括各种知识、技能以及对岗位的适应度等。
- ◆ **潜力**：指学习能力、转化能力等，即是否有提升或进步的可能。
- ◆ **发挥**：指员工在工作岗位的表现，即是否能将知识技能运用到实际工作中。
- ◆ **态度**：态度包括敬业精神、职业道德以及积极性等。

有的管理者认为，在绩效考核中，前三者就可以衡量这个员工怎么样了。但从大量的实践来看，如果一个人能力很强，但态度很差，也会影响工作成效，比如以下这个案例。

某公司销售部有一个员工的工作能力很强，部门的销售目标是每人每月完成 20 万元的销售业绩，但这名员工半个月就能完成销售业绩，按理说剩下的半个月他可以做更大的突破。

但这名员工却表现得无所事事、东游西逛，因为他觉得如果业绩超标的话，下个月的销售目标就上去了。部门经理找这名员工谈了话，但他却表现得态度恶劣。他认为，既然自己已经把工作任务完成了，就什么事都没了，那剩下的时间自己就可以自由安排。

面对这样情况，该公司在考核指标中加入了"态度"这一指标，因为态度也会影响绩效，于是这位员工转变了自己的工作态度。

"事"是最为重要的考核内容，绩效考核之所以要考核"事"，是因为"事"具有客观性，可以看到结果，对"事"进行考核要遵循以下原则。

◆ 资历越深，考核越少

资历越深的员工，对其所作的事的考核可以越少，反之，新员工则要加强考核。因为新员工在知识技能等方面都不太成熟，通过考核"事"可以促进其改进。

◆ 能与同行业持平的员工，考核越少

对于能达到同行业平均水平或高于同行业水平的员工，可以减少考核次数。如某生产流水线的员工每天能做 50 个零件，同行业其他企业的员工每天差不多也只能做 50 个零件，在这种情况下考核的意义不是太大。但如果该员工每天只能做 40 个零件，而同行业其他员工能做45 个，那么就有考核的必要了。

◆ 资深员工注重结果

对于资深员工，企业对其能力实际上已经有了充分的了解，关键要看他能力的发挥情况和做这件事的结果。如果一个员工本来能力很强，但业绩的表现却差强人意，那么就要分析原因了。

11.3
绩效管理疑难解答

不少管理者对绩效管理仍然存在一些疑惑，如绩效考核应关注过程还是结果，绩效是否一定要与工资挂钩等，下面就针对绩效管理的一些问题进行解答。

11.3.1 什么时候是引进绩效管理的时机

关于这个问题，我的回答是：需求。只有当你的企业明白了为什么要做绩效时，才是引进绩效管理的时机。不是老板说我们要做绩效，就开始推行绩效管理。

管理者首先要对企业的现状进行诊断，找到让企业头疼的根源是什么，再确定这个原因绩效管理能不能解决，如果绩效管理并不能解决这个问题，那么就没必要做绩效管理，如果绩效管理可以解决这个问题，那么我们就可以做。

现在很多企业都是看着别人做绩效做得轰轰烈烈，于是自己也想做一做，结果是死得悄无声息。要记住，只有你认为做绩效可以解决企业真正的问题时再去做。

另外，盲目追求更加科学、先进的管理工具也是不可行的，如果你的企业还不具备一定的管理条件就引进绩效管理，只能带来更多的问题，如以下的案例。

某医疗器械公司成立后发展迅速，销售额增长很快，这时该公司的老板提出要进行规范化管理，由于公司暂时没有这方面的人才，于是老板引进了一名职业经理人来做这件事。

该职业经理人任职后便开始在公司建立绩效管理体系，但绩效管理应用后，效果却差强人意。经过两年的运作，该公司并没有因为借助了绩效管理这一工具而实现公司的进一步发展，反之，公司的业绩没有以前好了，大量骨干还离开公司。

为什么会出现这种情况呢？原来该公司在成立初期吸引了大批营销人才，用"销售大包制"的方法调动了他们的工作积极性，这为公司的迅速成长发挥了作用，但这种方法也带来了很多不规范的行为。

该公司的经理人在引进绩效管理时并没有考虑这些不规范的问题，也没有考虑该公司是否已具备了绩效管理的条件。实际上，对该公司来说，现在推行绩效管理还比较超前。他们现阶段的管理重心应该是强化角色和情感维护，保证公司员工的稳定性，而过于规范化的管理反而会损害公司的活力。

等到公司发展到一定阶段后，大批优秀人才和新员工会陆续进入公司，这时公司已进入了正轨，工作流程也比较成熟了，此时再进行规范化的绩效管理也不迟。

这里我还想强调一点，绩效管理体系是分阶段构建完成的，一个企业可能在做绩效考核，但并不代表它已经拥有了较完善的绩效管理体系。在企业发展的不同阶段，绩效管理的重心也会不同。另外，管理者也不必追求绩效至上的法则，每个企业在发展中都会因为各种原因形成不同的管理风格和管理方式，有的企业现阶段可能不需要实施绩效管理也能发展得很好，因此在实践中还要懂得最适合的才是最好的。

11.3.2 绩效考核应关注过程还是关注结果

"我只看考核的结果不管过程"这是不少管理者常常挂在口头的话，这句话简单粗暴，也无形中给了员工不少压力。这时，有的管理者站出来了，他们反对只关注结果的绩效考核，认为绩效考核应该关注过程。

这里我想告诉大家"不要争了"，绩效考核究竟是关注过程还是关注结果，是根据考核内容来确定的，这体现了不同的企业文化。

◆ 关注过程的绩效考核

关注过程的绩效考核，其考核内容集中于员工的工作行为、态度等等。这种考核方式营造的是感性、和谐的管理文化，企业更倾向于考核人，其构建的是"以人为本"的企业文化。

以过程为导向的绩效考核也较多的应用于对新员工进行短期绩效考核，因为新员工刚进入公司，其工作能力还不足，此时更重要的是看该员工工作态度如何。

◆ 关注结果的绩效考核

关注结果的绩效考核注重工作的最终业绩，其考核内容集中于员工的实际产出。这种考核方式营造的是理性，以任务为导向的管理文化，最为典型的就是目标管理法。其缺点在于可能忽略了过程管理，导致过于注重短期利益，因此有的企业为了避免这种情况，会辅以针对工作态度的人事考核。

当企业正面临较大的生存压力时，如企业刚成立或处于创业初期，通常会倾向于采用以结果为导向的绩效考核，因为这有利于促进企业目标的达成。

11.3.3 绩效考核是否一定要与工资挂钩

针对这个问题，我曾与我的学员一起讨论过，我得到以下几种回答。

A：不与工资挂钩？那与什么挂钩，难道是荣誉？员工最关注的还是工资啊。

B：为什么一定要挂钩？有的员工看重的是自己的职业规划。

C：不与钱挂钩，说再多也没有用，员工也不会将考核当回事。

D：工资只是一种激励的形式，不代表全部，考核不一定要与工资挂钩。

E：绩效是一种激励的手段，而并不是所有岗位都只能用绩效工资来激励，如果只把眼光放在工资上，员工也可能干不好工作。

对于以上说法，并不能简单地说谁对谁错，由于组织和个体的差异，绩效考核是否一定要与工资挂钩还要根据实际来看，这里我们来分析不同观点的理由，供大家参考。

◆ 绩效考核为什么要与工资挂钩

将考核与工资挂钩，其实目的很简单，就是为了激励员工。因为很多员工工作的意义就是挣钱，对这些员工谈理想，谈职业规划，他们会说："饭都吃不饱，谈什么理想，如果有钱，我才不会去工作。"从现实来看，温饱毕竟是很重要的，所以将考核与工资挂钩就有现实意义。

◆ 考核是否只和工资挂钩

正如前面"D"的观点一样，将考核与工资挂钩是因为工资是一种激励方式，但激励的方式并不是只有这一种，晋升、培训、表扬等也是一种激励方式。在人力资源管理体系完善的企业中，考核不仅仅可以与工资挂钩，还可以与晋升、培训、福利等联系起来。这样可以保证激励的多样性，同时还可以满足不同员工的追求。

◆ 考核是否可以不与工资挂钩

通过前面的认识，我们已经知道了考核并不是与工资挂钩，而是与激励挂钩，激励方式有多种，因此考核是可以不与工资挂钩的。只要其他激励方式能起到激励员工的目的，那么也是可以使用的。

11.3.4 无底薪高绩效提成是否可行

据我所知，许多房地产中介公司经纪人的工资标准是这样的：

新员工入职前 3 个月，实行有底薪制，工资构成为底薪 + 绩效（业绩）提成。转正后，实行无底薪制，工资仅为绩效（业绩）提成（注：该提成比例远高于新员工）。对于新员工，中介公司给出的底薪一般较高，如大多数公司普通员工的底薪为 2500 元，但房地产中介公司给出的底薪一般为 3000 元。

此类公司实行这样的薪酬制度似乎是有理由的，因为对销售岗位的员工来说，客户量是关键，而客户量是需要积累的，对于刚迈入销售岗位的员工来说，客户自然不会太多。如果对新员工实行无底薪制的工资标准，那么很多员工可能干了一个月就离职了，员工离职的理由也很简单，那就是没钱。所以房地产中介公司为了留住员工，通常会对新员工和老员工实行不一样的工资标准。

而有的公司则可能采取的是阶梯递减工资法，什么叫阶梯递减工资法呢？简单来讲就是员工的底薪随着入职时间的递增而减少，直至无底薪，绩效提成比例则随之而增长。

不管是哪种薪酬制度，可以看出无底薪绩效提成制在许多企业都广泛存在，可见这种方式在实践中是可行的，而因为没有了底薪，这些企业给出的提成比例通常会较高。但这种薪酬制度也会引发一些问题，在具体操作时需要注意以下问题。

◆ 高绩效提成到底有多高

对于销售岗位的员工来说，企业在招聘时通常会告诉应聘人员"我们有高提成，一般平均工资为 6000 ~ 8000 元 / 月，优秀员工在 10000 元以上，上不封顶"，简单来讲就是薪资待遇很好。

那么企业所说的高提成究竟有多高呢，是 10%，还是 20% 呢？高提成到底是多高，还要参照业务利润。公司管理者在设置提成比例时通常会参照业务利润来设置，大的前提是，在保证公司最低净利润收入后，从可分配利润中确定提成比例。

面对公司给出的提成比例，员工也会进行比较，他们的比较方式有两种，一种是用"有底薪＋绩效提成"与"无底薪＋高绩效提成"进行对比，如果后者的收入比前者少，员工自然会不满，只有在后者与前者相持平或高于前者的情况下，员工才会支持这种绩效薪酬制度，否则他们可能会离开公司。另一种是与同行业相比，若工资水平低于同行业平均水平，员工也会另谋高就。所以在无底薪高绩效提成的情况下，提成比例的设定尤为关键。

◆ 高提成的条件下，员工所得不能低于最低工资标准

高提成能激励员工提升绩效，但由于是无底薪制，因此如果绩效提成方案不合理，就会出现员工努力了，但工资收入仍不乐观的情形。如果因为这种不合理导致了员工收入长期低于最低工资标准，员工可能会主动离职，因此高提成的条件下，也要保证员工所得不能低于最低工资标准。

◆ 高提成，宁可起初低一点

企业制定的提成比例并非是一成不变的，管理者可根据实际情况进行提成比例的调整。在调整时要注意一点，一般情况下要么不变，要么就提高比例，如果是降低比例，很多员工都不会满意。为了留有一定的调整空间，企业起初制订的提成比例不宜过高，若发现这种比例不合理，再微调。

11.3.5 员工不愿真实阐明对绩效考核的看法

许多老师在讲课时喜欢让学生举手回答问题，但真正主动举手发

言的学生往往很少。在绩效反馈中也可能出现这种情况，管理者希望
员工提一提对绩效考核的意见，但大多数员工保持沉默，有的员工则
不提供真实的想法。为什么员工不愿提建议呢？原因可能有多种。

①迫于上级的压力，即使对考核有异议也不敢提。

②对绩效考核不了解，无法阐述自己的看法。

③怕自己提的意见不正确，遭到他人嘲笑。

④依赖性心理，对公司管理制度的发展不热心。

⑤过去提意见时遭到过批评或打击，挫伤了积极性。

⑥组织缺乏活力，团体内部拘谨。

要想让员工敢于阐述自己的观点，管理者要先带头，在沟通方面
做到公开、透明，鼓励员工提反馈意见，鼓励员工坦诚相待。员工提
的意见可能好坏都有，管理者要敞开胸怀，不能因为员工提的意见不
好或不正确，就打击为你提供信息的人。

对于不知道如何反馈意见的员工，管理者还可以提供帮助，比如
指导他们如何恰如其分地表达意见，就他们提出的问题和疑惑进行探
讨。如果员工羞于启齿，或者不愿意说出自己的想法，可以用物质手
段来激励他们，如对提出有价值的想法的员工给予奖励。

此外，管理者还应该加强企业文化的建设，通过培训等方式提高
员工的素质和团队意识，让员工有与企业同发展的使命感。

11.3.6 绩效经理的专业能力不够

绩效经理的专业能力对绩效管理体系的推行至关重要，做绩效管

理的人，不仅要对绩效管理本身有深刻的认识，还要对企业本身也有深入的了解，下面来看一个案例。

　　某公司准备推行绩效管理体系，老板将这一工作交给了人力资源部的绩效主管。该绩效主管接受这一工作任务后，便着手开始设计绩效考核方案，但他设计的考核方案一直没有得到中层的认可，于是绩效管理体系的推行停滞不前。

　　为了解决这一问题，公司聘请了咨询公司来帮助设计和推行绩效管理体系。咨询公司对该公司进行了调研，并且找到了绩效管理体系无法推行的症结所在。

　　咨询公司的负责人对公司的中层说："业务方面我不太懂，但我毕竟是人力资源专业出身的，你们应该相信我在绩效管理方面的专业能力。"

　　为了了解中层不认可该绩效主管的原因，咨询公司的负责人向该公司各部门的负责人了解了情况，业务部的负责人这样对咨询公司的负责人说："我们没有怀疑过他的专业能力，但他根本不了解我们在做什么，这让我们感觉不实际。"

　　在与咨询公司一起工作的过程中，该绩效主管开始有意识地学习行业知识，了解公司的业务。他与咨询公司一起梳理了业务流程，设计了绩效考核方案，最后实施绩效考核体系的推行。到咨询公司离开时，该绩效主管的能力得到了很大的提升，并且各部门负责人也表示了对该绩效主管的认可。

　　从上面这个案例可以看出，认识并理解公司的业务不仅对设计绩效管理体系有帮助，还能让自己与各部门很好地进行对话。绩效经理是否专业，不是自己夸出来的，而是被他人评价出来的。绩效经理要想得到他人的认可，就要提高自己的业务能力。